# Im Zwischenraum

*Meinen Enkeln*

# CLAUS EURICH

# IM ZWISCHEN RAUM

### REFLEXIONEN
### FÜR EIN ERFÜLLTES
### LEBEN

 claudius

Zum Schutz der Umwelt verzichten wir bei diesem Buch
auf das Einschweißen mit Folie.

© Claudius Verlag München 2024
www.claudius.de
Alle Rechte vorbehalten. Das Werk darf – auch teilweise –
nur mit Genehmigung des Verlages wiedergegeben werden.
Lektorat: Lektorat Stenger & Rode GbR, München
Umschlaggestaltung: Weiss Werkstatt, München
Gesetzt aus der Bahnschrift und Quinn Text
Druck: CPI books GmbH, Leck

ISBN 978-3-532-62899-7

# INHALT

## Göttliches und Heiliges

## Vita contemplativa

## Kulturelles und soziales Sein

## Das Leben als Hindurch

## Der Mensch als Evolution

# Anfragen der Zeit – Prolog

Von wahrhaft evolutionärer Bedeutung sind die Herausforderungen für den Menschen der Gegenwart. Alte Etiketten taugen nicht länger, das uns Bevorstehende und zugleich von uns Geforderte zu beschreiben. Die bekannten Rezepte scheinen unwirksam, vertraute Wege münden in Sackgassen. Man sagt, wir hätten keine Zeit mehr, es müsse gehandelt werden, sofort. Doch wie kann das gehen, wenn noch nicht hinreichend verstanden ist, wo der eigene Anteil für die gegenwärtige Weltsituation liegt und mit welchen persönlichen Konsequenzen das in der Folge zu tun hat? Blinder Aktivismus steigert die Verwirrung und beschleunigt den Niedergang. Nur aus tiefer Reflexion heraus, die immer auch eine Selbstreflexion ist, kann heilendes Handeln erwachsen – für den Einzelnen und für die Menschheit insgesamt. Dazu gehört, die gegenwärtigen existentiellen Krisen nicht nur als ökologische, politische und ökonomische zu sehen, sondern zugleich als eine spirituelle Krise und Herausforderung. Denn wir haben begonnen uns zu verlieren, kennen unsere wahre Heimat zwischen Himmel und Erde nicht mehr. Wir leben in einem Zwischenraum ohne klare Konturen und Perspektiven. Der Kompass fehlt.

Die hier versammelten Texte wenden sich aus verschiedenen Perspektiven den Grundsatzfragen dieser Zeit zu. Sie stehen dabei trotz ihrer thematischen Zuordnung jeweils für sich und können entsprechend für sich gelesen werden, in beliebiger Reihenfolge. Es sind philosophisch-spirituelle Reflexionen, die auf Verstehen und Orientierung sowie auf das rechte Handeln zielen. Sie wollen Zuversicht schenken und Resignation entgegenwirken. Sie laden ein, gerade auch „im Zwischenraum" der Tiefe und dem Zauber des Lebens zu begegnen.

# Zwischenräume

## Das Wechselspiel von Innen und Außen

„Nur jene können wahrhaft diese Welt genießen, die mit der unsichtbaren Welt beginnen. (…) nur jene können die Welt gebrauchen, die gelernt haben, sie nicht zu missbrauchen", sagte John Henry Newman, ein zeitlebens Suchender, in einer Predigt am Palmsonntag 1841. Der große englische Theologe spricht die Polarität in unserer Existenz an. Sie zeigt sich in Sichtbarem und Unsichtbarem, Gut und Böse, Hell und Dunkel, Liebe und Hass, Haben und Lassen, vor allem aber auch im Gegenüber von Innen und Außen. Deren wechselseitige Bezogenheit zu verkennen, mindert das Leben. Es raubt den Reichtum, lässt die Schönheit verblassen, nimmt die Tiefe. Seine Farbe ist grau.

Das universale Grundgesetz der Resonanz als Seinsprinzip lehrt uns nicht nur nüchtern die Interdependenz, die wechselseitige Abhängigkeit. Es weist darauf hin, dass Leben in Blüte, bunt und beseelt, nur dann die bewusste Wahrnehmung erreicht, wenn das Bewusstsein sich offen und resonanzfähig hält. Die Bewusstseins- und Empfindungspflege bereitet den Boden für Spüren und Erkennen im Außen. Je reichhaltiger das innere Universum, desto breiter die Wahrnehmungsfelder für das Außen – oder besser: für das sogenannte Außen. Denn letztlich ist die Unterscheidung nur eine der menschlichen Ich-Abgrenzung, also eine Folge der entsprechenden Wahrnehmung und eines darauf bezogenen sinnlichen Zugangs zur Welt; ein Spiegel der gegenwärtigen Evolutionsstufe. Wirklich verstanden werden kann Welt an sich nur als Holon, als ein insgesamt Zusammenhängendes. Dessen verbundene Teile wiederum sind nur mit Einbeziehung ihrer Kontexte zugänglich. So steht das Leben für unser Bewusstsein in ständiger Bewegung zwischen „Innen" und „Außen", stellt die wahrgenommene Bewegung Einheit im Erkennen her. Allerdings gelingt ihr dies eben nicht, wenn die

Fokussierung bei einer der beiden Ebenen, innen oder außen, verbleibt und sich nicht selbst im Fluss des Zwischenraums mitbewegt.

„Meine Welt" – genauer gesagt: die Welt, die sich mir erschließt, findet Gestalt und Bild also in der Wechselbeziehung von Innen und Außen. Dabei gilt es die jeweiligen Einflussnahmen angemessen zu verstehen. Vernachlässigen wir die Innenarbeit, so wirken äußere Ereignisse und unsere eigenen äußeren Aktivitäten umso stärker auf Empfindungen und Gefühle zurück. Diese werden mit Attributen wie angenehm oder unangenehm, schwer oder leicht, verbunden, was ja letztlich nur Hinweis auf ein fehlendes Gleichgewicht, eine fehlende Balance ist. Bin ich demgegenüber ganz in mein Inneres eingegraben, gleichsam zum Innenseiter geworden, wird mir das Außen auf Dauer als etwas Fremdes, zumindest aber nicht als ein Teil meines „Feldes" begegnen.

Selbstredend folgen die äußeren Repräsentationen – seien es die Natur, das gesellschaftliche und soziale Umfeld oder auch die medialen und digitalen Universen – ihren eigenen wesenhaften Gesetzmäßigkeiten. Diese entziehen sich zu einem großen Teil meinem Willen und einem möglicherweise aus mir sprechenden Veränderungsbedürfnis. Doch wo eine nachhaltige Interventionsmöglichkeit nicht gegeben scheint, bleibt immer der Zugang zu meinen Einstellungen und zu der Wahrnehmungsbereitschaft, was das Äußere betrifft. Beides steht in meiner Verfügung. An beidem kann ich arbeiten und es steuern.

Ablehnung kann der Mensch so in Akzeptanz verwandeln oder sich auch dem Abgelehnten entziehen. Positive Resonanz vermag ich zu verstärken und zu verfeinern. Beide „Strategien" werden Folgen haben. Denn natürlich ziehe ich das eher an bzw. nehme es leichter und eher wahr, wofür mein Inneres bereitet ist, wofür ich schwingungsfähig bin. Damit mein Leben aber nicht zur bloßen Ähnlichkeitsverstärkung verkommt, gilt es, sich der Ausrichtung des Bewusstseins und der Gefühle bewusst zu werden. Wir nennen das Selbstreflexion. Wenn Selbstreflexion sich zu echter Zeugenschaft entwickelt, weist sie darauf hin, Routinen, auch des Denkens und Empfindens, immer wieder infrage zu stellen und auch zu durchbrechen. Sie hilft dabei, Offenheit herzustellen, Wahrnehmung dort zu riskieren, wo es ein inneres Stopp-Schild zu geben scheint.

Dass die Welt ist, wie sie ist bzw. wie sie uns scheint, hängt mit unterschiedlichsten Gesetzmäßigkeiten auf unterschiedlichsten Ebenen zusammen. Es ist allerdings immer auch ein Resultat fehlender bzw. eingeschränkter Selbstreflexivität und damit einer begrenzten Offenheit gegenüber den Seinsprozessen. Wo Offenheit und in der Folge Wahrnehmungsvielfalt fehlen, verringern sich auch Einfluss- und Veränderungsmöglichkeiten. Banaleres kann man eigentlich nicht formulieren, und trotzdem krankt genau daran so unendlich viel. Wie kann ich erwarten, dass im Äußeren Frieden herrscht, wenn ich die Dämonen im Innern nicht im Griff habe? Wie kann ich eine gesunde Um- und Mitwelt ersehnen, wenn meine Bedürfnisse auf den Verbrauch und Missbrauch von Erde zielen? An der Transformation solchen Widerspruchs hängen das innere Gleichgewicht und dessen Empfindung. Und beide zeichnen wiederum als Voraussetzung für eine heilende Zuwendung zu einer Welt, von der ich umgeben und deren Teil ich bin und die in der Folge wiederum in den Innenraum zurückstrahlt.

Das Bewusstsein verbindet Innen und Außen. Es hält das Wechselspiel beider in Bewegung. Diese ist kein bloßes Hin und Her, sondern eine suchende Bewegung nach Balance. Stille, Fasten der Gedanken, Verschmelzen mit dem Sein durch Ausrichtung auf den Atem und den sich öffnenden Raum hinter dem Atem – das vermittelt und verbindet auf dem endlosen Weg des Pendels. Und es führt das Bewusstsein immer wieder zu sich selbst zurück.

## Äußerer Raum und innere Stille

Inmitten des Alltags. Wir treten heraus. Ein Schritt über die Schwelle. Etwas umhüllt uns, was anders ist als „draußen". Der Atem wird tiefer, nimmt eine Atmosphäre heilender Ruhe in sich auf. Sie durchströmt Leib und Seele, besänftigt den unsteten Geist.

Solches geschieht an Orten, die den Menschen erwarten: wenn die Seele betrübt ist; wenn Schmerz, Trauer, Verzweiflung, Einsamkeit oder auch nur eine flüchtige Entwurzelung Wohnstatt in ihm genommen haben; wenn er das hektische Getriebe um sich herum für eine Weile verlassen will. Um sich wieder zu finden, zu sammeln, auszurichten. Um seine Sehnsucht fließen zu lassen im Gefühl unmittelbaren Angenommenseins.

Manche Kathedralen sind solche Orte, manche Kirchen oder schlichte Kapellen, das ein oder andere Kloster. Durch die Jahre, ja manchmal Jahrhunderte haben sie dieses kraftvolle Charisma aufgebaut und bewahrt. Trotz des gelegentlich gepredigten Verrats an der guten Nachricht, der in Wort und Scheinheiligkeit den behauenen Stein aber nicht ins Wanken zu bringen und die farbigen Fenster nicht zu trüben vermochte. Die Sehnsuchtsenergien der unzähligen betenden, bittenden, klagenden, dankenden, singenden und der Stille vertrauenden Menschen bleiben spürbar. Sie bilden ein Energiefeld, das aus Hingabe gewachsen ist, fern der Rollen und Masken, die den Menschen „zieren", wenn er den sakralen Raum wieder verlässt. Inmitten des umbauten Ortes, der unerschütterlich für die suchende Seele bereit ist, wird ein Mensch vom Akteur zum empfangenden Gefäß.

Man muss nicht an etwas Bestimmtes glauben, um sich hier willkommen zu fühlen, muss keine formelhaften Sätze kennen und rezitieren und muss sich dafür vor allem gegenüber niemandem rechtfertigen. Das, was hierhin zieht, reicht! Solche Räume, die jede

Kultur hat, sind Orte des Ankommens, des Durchatmens, des Sich-anvertrauens gerade dann, wenn das Leben in chaotischen Bahnen läuft. Gerade dann, wenn wir mit etwas konfrontiert sind, was wir alleine nicht tragen können.

Vom einen kommend in den anderen Raum zu gehen, das ist in aller scheinbaren Alltäglichkeit eine existentielle Handlung. Ein Übertritt. Eine kleine Einübung auch in den immer schon warten-den Gang über jene Schwelle, die mit dem verbunden ist, was wir den Tod nennen.

Im sakralen oder wie auch immer genannten Raum tritt etwas an sich Unsichtbares in Präsenz. „Einen Raum bauen heißt, das Un-sichtbare sichtbar zu machen, einen Ausschnitt aus dem Unend-lichen zu gestalten", so fasst Johannes Malms die Grundgedanken des Bauhaus-Architekten Mies van der Rohe in bauhausmäßiger Schlichtheit und Klarheit zusammen. Das meint nichts anderes, als die Leere zwischen den Wänden, jenen „Zwischenraum", so zu for-men, dass er vorbereitet ist für das Geheimnisvolle. *Erfüllte Leere* nennt man das in asiatischer Spiritualität. Je klarer und schlichter der Raum sich den Sinnen bietet, desto tiefer ist die Wirkung. Zwei Räume verschmelzen in der Begegnung mit dem Numinosen; der materielle äußere und der innere Raum des Menschen. Beide, Erd- und Seelenenergie, wirken ineinander, verbinden sich zu einem Feld, das keine Grenzen kennt.

Es ist ein dunkler Wintertag, nass, kalt, stürmisch. Früh schon ist die Sonne versunken. Ich suche das Tor der Kirche. Die Atmosphäre umfängt. Ich bewege mich, schauend, orientierend, stehe eine Wei-le, gehe dann zu einer Bank. Der Raum wandelt sich in akustischer und innerer Stille zu einem ganz eigenen Universum, wirkt nach in-neren Gesetzen, die äußere Erwartungen und Regeln unmittelbar außer Kraft zu setzen in der Lage sind. *Es* berührt. *Es* verzaubert ein wenig. *Es* tröstet. *Es* flüstert: DU! Ich schließe die Augen.

# Grenzräume

Naturgesetzlich sind sie uns beigegeben. Unablässig werden wir mit ihnen konfrontiert, stoßen wir an sie: Grenzen begegnen uns in der Zeit und im Raum, doch der Begriff, das Verständnis und die entsprechende Beschreibung sind auch in die soziale und psychologische Sphäre eingewandert. Nichts entkommt der Grenze.

Was sie mit uns macht, trägt durchaus als ambivalent empfundene Züge. Mal tritt sie als Zurückweisung, ja Kränkung in unsere Wahrnehmung – als das, was sich Sehnsucht, Wunsch und Regung entgegenstellt. Einengend wirkt sie, sich unerbittlich vor dem Freiheits-, Ausbreitungs- und Überschreitungsdrang aufbauend. Dann wiederum stiftet sie Schutz und das Empfinden von Geborgenheit, schenkt Überschaubarkeit und Halt in einer sich globalisierend, sozial und mental zerfransenden Welt.

Grenzen definieren wechselseitig, was Innen und was Außen ist, ja sie schaffen beides eigentlich erst. Etwas durch eine Grenze auszuschließen beinhaltet zugleich das Eingrenzen von anderem, macht dieses erst fassbar. Würden wir versuchen, vollständig ohne Grenzen zu denken, hätten wir vermutlich Schwierigkeiten, etwas zu beschreiben. Denn unser Gehirn orientiert sich an ihnen, um Identitäten überhaupt zu verstehen und zu unterscheiden.

Im Großen sichern Grenzen Räume des Verhandel- und des Regelbaren. Staaten- und Kulturverbünde wie die Europäische Union, einzelne Länder und in ihnen wiederum verschiedene Verwaltungseinheiten sind territoriale Beispiele, die aber zugleich immer auch Folgewirkungen mit sich bringen. Tief ragen diese in alle sozialen Felder und in das Bewusstsein von Einzelnen und Kollektiven hinein. Im Bezug auf den einzelnen Menschen weisen die Grenzen zwischen Ich und Du auf das jeweilige Eigensein und Anderssein hin. In der Respektierung der Grenzen des Anderen achte ich dessen Identitätsverständnis und auch dessen Schutzbedürftigkeit. So vermag die Grenze nicht nur Personalitäten zu stärken, sondern sie ermöglicht auch Begegnungsfähigkeit auf Augenhöhe. Ein Lob der Grenze auszusprechen, meint deshalb, sie als Voraussetzung verstehbarer und gestaltbarer Beziehungen zu sehen. Allerdings sollten wir uns dabei von dem inneren Bild lösen, das die Grenze als eine starre Linie zeichnet. Vielmehr ist sie ein strömender Zwischenraum, der sich durch Begegnungen und wechselseitige Gedankenverbindungen in Bewegung hält.

Ohne Grenzziehungen, ethisch, moralisch und auf das Alltagshandeln bezogen, sind Sozialisation und Wertevermittlung bei Kindern undenkbar. Allerdings zeigt sich hier zugleich ihre die Entwicklung fördernde Dialektik: wenn sie das notwendige und berechtigte Aufbegehren gegen Lebensschranken provozieren, die als sinnlos und willkürlich wahrgenommen werden. Kinder können so lernen, gewisse Grenzen nicht als etwas Unantastbares, sondern Plastisches zu sehen, dessen Form sie mitgestalten können.

Grenzüberschreitungen verändern die Verhältnisse und vor allem die Gleichgewichtszustände aufeinander abgestimmter und entsprechend austarierter Systeme. Das mag manchmal nur ein Spiel, ein Austesten von Möglichkeiten sein; es kann aber auch zur dauerhaften Auflösung der überschrittenen Grenzen führen und damit neue Räume schaffen. Vor allem hilft die Überschreitung dabei, sich der Grenzen und ihrer Sinnhaftigkeit immer wieder zu vergewissern und so bewusst den Weg in Veränderungen, ja Transformationen einzuschlagen – eine lebensdienliche Grundintention vorausgesetzt.

Mit dem Setzen von Grenzen gilt es sparsam umzugehen und ihr Verhältnis zur Freiheit immer wieder neu zu erspüren. Denn je mehr Grenzen existieren und je schroffer ihre Respektierung eingefordert wird, desto mehr „Institutionen" zu ihrer Überwachung bedarf es. Es drohen Prüfung, Kontrolle und Bewertung von all jenen Geschehnissen, die mit Grenzüberschreitung verbunden sein könnten. Ideologisch erstarrte politische und fundamentalistisch eingemauerte religiöse Systeme sind dafür warnende und abschreckende Beispiele.

Das Weltzeitalter, in dem wir leben, konfrontiert uns unerbittlich mit den Folgen jahrhundertelanger Grenzverletzungen seitens des Menschen. Stetig haben diese sich weiter gesteigert bis zum gegenwärtigen Punkt hin. Gemeint sind die Grenzen des Wachstums und Grenzen des Konsums, die sich aus der Endlichkeit unseres Planeten und dessen begrenzten Ressourcen ergeben. Was daraus resultiert, ist desaströs auf allen Lebenslinien. Ein Zurück gibt es genauso wenig wie einen Stopp der in Gang gesetzten Prozesse. Evolutionär betrachtet, war dies vermutlich unvermeidlich in unserem immer ungestümer werdenden Ausdehnungsdrang. Doch es liegt auch eine Chance in diesem planetarischen Debakel. Denn einerseits wird der Grenzraum, in dem wir nun leben, zwar kontinuierlich stärker zusammengepresst, und es bricht unaufhaltsam Lebensraum in den Abgrund. Gleichzeitig jedoch öffnen sich neue Orientierungsfelder. Deren klare und alternativlose Koordinaten wollen in einen neuen Bund mit dem Leben führen. In Wertschätzung des uns einfach so Gegebenen, in den tiefen Respekt allem Leben gegenüber.

Es ist eine Gnade, im Grenzraum des Lebens, dem Schicksalsraum der Menschheit seinen Aufenthaltsort zu haben, hoffend, darin endlich den Diamanten des Zukünftigen zu finden. Nie war Menschsein außerordentlicher in der Herausforderung. Nie wurde mehr Einsicht, Edelmut und visionäre Tatkraft benötigt. Dafür werden viele Grenzen fallen müssen: in unserer Wahrnehmung, unserer Empathiefähigkeit, in der Liebe. Dann kann Zukunft am Abgrund des Gegenwärtigen ihr eigenes Bild gestalten. Dann wird sie Schönheit inmitten des Desasters malen. So wird die Überlebensgrenze zum Fanal der Hoffnung für ein Darüberhinaus.

## Der Geheimnisraum

Das Verborgene und Geheimnishafte übt seit je eine große Faszination aus. Es wird zum Anziehenden und bleibt es nur, wenn ihm nicht mit der Absicht der Entblößung und der Entschleierung begegnet wird, sondern mit respektvoller Distanz. Lediglich zu vermuten oder zu erahnen, was sich nicht in Gänze zeigt und den Sinnen nicht auf eine Nähe heranrückt, in der alles offenbar wird, ist gleichwohl für viele Menschen ein Stachel im Fleisch ihrer Neugier, die letztlich jedoch wohl sowieso nie zu stillen wäre.

Jeder Mensch hat seinen Geheimnisraum, den er mit einem Schleier verdeckt, um ihn vor zudringlichen Blicken und inquisitorischen Fragen zu schützen. Jener Raum mag manchmal Banales, der äußeren Welt unangemessen Erscheinendes und entsprechend mit Scham Verbundenes in sich bergen; doch in ihm bewegen sich auch unsere tiefsten Sehnsüchte und Träume, so manche Angst und Sorge, tiefe geistige Erfahrungen und vielleicht eine letzte, unbegründbare Hoffnung. Alle haben etwas Zerbrechliches, ja vielleicht schon Gebrochenes, das trotzdem weiterlebt, um vielleicht neu zusammenzuwachsen. So manches in unserer Seelenwelt scheut das Licht und die Begegnung – nicht, weil es das Licht verachtet, sondern weil das Dunkle und der Schatten eine Zartheit schützen, die im Licht verbrennen würde. Und es herrscht Licht, das dein Innerstes durchdringt, wenn du etwas preisgegeben hast, ohne es wirklich zu wollen.

So bewegt sich an der Seite des Geheimnisses das Schweigen, genau wie bei jedem Mysterium des Glaubens die einzig angemessene

Weise, davon zu sprechen, schließlich das Schweigen ist. Langsamkeit, Zurückhaltung und ein unaufdringliches Schweigen formen somit die vornehme Haltung dem Verborgenen gegenüber. Das mag für eine pornographische Gesellschaft, die alles ans Licht zerren und mit kaltem Neon und digitalen Blitzen durchstrahlen will, eine Zumutung sein. Georg Simmel (1858–1918), Soziologe und Kulturphilosoph, maß dem Geheimnis „eine ungeheure Erweiterung des Lebens" zu. Es biete sozusagen die Möglichkeit einer zweiten Welt neben der offenbaren. Höchste Werte nehme es in sich auf, „so die feine Scham der vornehmen Seele, die gerade ihr Bestes verbirgt, um es sich nicht durch Lob und Lohn bezahlen zu lassen; denn hiernach besitzt man zwar das Entgelt, aber nicht den eigentlichen Wert selbst mehr".

Man kann das wohl gehütete Geheimnis als Schwäche deuten. Doch das Geheimnis, das sich nicht auf schwere Verfehlungen bezieht oder auf etwas, das willentlich einem gelingenden Miteinander vorenthalten wird und es damit schwächt, stützt einen Menschen auf dem Weg zu einer selbstbestimmten Persönlichkeit. Es stärkt da, wo ansonsten die Gefahr bestünde, zum Spielball der Begierden und Interessen anderer zu werden. Schließlich ist Schweigen hinsichtlich eines Geheimnisses nicht *verschweigen*, nicht *vorenthalten*. Denn auf das, was im tiefsten Sinne meines ist, kann niemand einen Anspruch einfordern. Zu dem inneren Universum eines Menschen gibt es kein Zutrittsrecht. Und so bestimme ich auch selbst die Öffnungsregeln.

Das Geheimnis gleicht einem Edelstein. Er muss nicht auf Dauer im Menschen verborgen sein. Doch er gehört nicht auf den Marktplatz. Im Gerede der Menge verlöre er jeglichen Glanz. Wird jedoch ein vertrauter Mensch eingeweiht, das Geheimnis mit ihm aus einem inneren Bedürfnis heraus geteilt, geht damit nicht nur möglicherweise eine Lösung jener Spannung einher, in der jedes

tiefe Geheimnis immer hält; es erweitert sich auch der Geheimnisraum selbst. Und in diesem wird die Beziehung zu einem Menschen
auf ein neues, höheres Niveau gehoben.

## Zwischen den Welten

Wenn wir atmen, spüren wir diesen kleinen Moment, weniger als
ein Augenblick, die Ahnung nur von einer Leere zwischen dem Ein-
und dem Ausatem. Es ist weder das eine, noch das andere. Eine kurz
aufscheinende Stille. Doch als Inmitten unentbehrlich.

Jene Zwischenraum genannte Zeit- oder Raum- oder Zeitraum-
spanne hat etwas Unbestimmtes, Unerkanntes, Geheimnisvolles.
Und sie begegnet uns auf zahlreichen anderen Ebenen im Leben
– als Seinsweise zwischen *Nicht mehr*, *Schon jetzt* und *Noch nicht*.
Hier bereitet sich etwas vor, als Gelingen oder als Verwehen; als
Geburtsregung von etwas völlig Neuem, bislang nicht Erlebten;
oder auch als Fortführung einer Schleife in der Zeit. In einer unbestimmten Zone geschieht die Bewegung, innerhalb einer Art
imaginärer Grenzregion ohne Barrieren, einem sich ausrichtenden
Warteraum.

Der Zwischenraum, mag er auch gelegentlich so betrachtet werden, ist nichts Leeres, auch wenn er den sich in ihm bewegenden
Menschen oft mit der Herausforderung des Loslassens konfrontiert. Sich in ihm zu bewegen, schafft den Raum vielmehr gerade
erst mit und hält ihn schwebend eine Weile zwischen zwei geo-
graphischen Orten wie beim Pilgern, zwischen verschiedenen Erfahrungsdimensionen oder Bewusstseinswelten. Und es ist diese
Bewegung „inmitten", die überhaupt erst eine Beziehung herstellt
zwischen dem Unterschiedlichen von Hier und Dort und Irgendwo. Die fließende Existenz im Zwischenraum charakterisiert so

weniger ein Verharren als vielmehr eine Passage; weniger Einengung und Bedrängnis als vielmehr Freiheit und den Windhauch von Abenteuer; weniger Resignation als vielmehr das Geführtwerden zur Schwelle und darüber hinaus.

Manche Zwischenräume sind anthropologisch gegeben wie beim Atmen. Andere haben sich kulturell herausgebildet oder wurden bewusst geschaffen. Die Raunächte etwa, jene Zeit „zwischen den Jahren", ist ein Beispiel dafür. In dieser markanten Phase bewegt sich mit dem Ausklang des Weihnachtsfestes das Jahr auf einen Abschluss zu, während als Ahnung, Befürchtung, Vorfreude oder auch einfach Zukunftsgelassenheit das neue bereits heraufdämmert.

Zwischen Leben und Tod, Werden und Vergänglichkeit lässt sich Sein an sich als ein Zwischenraum sehen oder besser noch: empfinden. Zutiefst existentiell spitzt sich das zu in den Erfahrungsdimensionen, die den Raum auf den Tod zu konstituieren; in jener transformativen Jenseitsbewegung über die Schwelle. Mag man sich in rationaler Verkümmerung den Übergang vom Leben zum Tod auch als radikale und scharfe Grenze vorstellen – aus der Kulturgeschichte der Todeserfahrungen und der Nahtoderlebnisse und auch aus den großen religiösen Lehren spricht etwas anderes. Hier wird ein transformativer Raum, ein Bewegungsfeld ohne Grenzen und Türen gemalt. Dieses Feld endet nicht in einem Nichts, sondern öffnet lediglich eine andere Dimension. Vielleicht ist angesichts dieser Einsicht dann selbst der Begriff und das Verständnis von Schwelle unangemessen, weil letztendlich doch nur einem dualen Bewusstsein entspringend.

Wer diesen Gedanken nachvollziehen kann, wer also nicht nur bezüglich allen Lebens das Einssein und die universale Verbundenheit erkennt und respektiert, sondern dies auf alle Seinsdimensionen zu übertragen vermag – dem wird sich das gesamte Leben als fließender Zwischenraum offenbaren. Immer in Bewegung, im Prozess von Werden, Gestalten, Loslassen, Vergehen und Neuschöpfung. Dieser „Transit" vernichtet nicht unsere Heimatgefühle, die Sehnsucht nach Ankommen; aber sie wandeln sich mit. Und zwischendurch wird die Lebensbewegung selber als eigentliche Heimat erkennbar. Selbst wenn dann immer wieder, mal kurz, mal länger während, Stationsräume warten oder bewusst von uns geschaffen werden, die zum Innehalten, Anlehnen und Nachspüren einladen. Doch auch solche Rast bleibt letztlich Reise.

## Zwei Reiche

Der Traum von einer friedlichen und mit dem Leben versöhnten Welt kann selbst nur so lange in Frieden leben, wie er es schafft, von dem brutalen Widerspruch, der sich Realität nennt, nicht vergiftet zu werden. Eine zutiefst unversöhnte und in sich zerrissene Welt schafft fortwährend Situationen, die mit dem Grundwiderspruch von seliger Hoffnung und den unbarmherzigen und kleingeistigen Niederungen des Alltags konfrontieren. Seit Menschengedenken begleitet diese unüberwindbar scheinende Diskrepanz das Bemühen um ein Miteinander in Vielfalt und Gewaltfreiheit.

Zwei Reiche leben im Bewusstsein unserer Kultur und auch in so manchem einzelnen Menschen, das Irdische und das Geistige. Das Irdische genießt den Reichtum des Lebens, bricht zu immer neuen Ufern auf, dürstet nach Liebe. Oft ist es aber auch Armut und Verzweiflung verfallen. Und nur zu oft folgt es den Begierden, Bedürfnissen, Ich-Bezogenheiten und Unbarmherzigkeiten. Das Geistige ist von Idealen getränkt, es streckt sich nach Harmonie und Schönheit. In ihm vollzieht sich die innere Ausrichtung im Streben nach Friedfertigkeit und dem Einssein mit allem Leben. Der Mensch wendet sein Edelstes hin zur Welt. Dort gleichwohl fasst es keinen Fuß, stößt es kaum auf Resonanz.

Beide Reiche scheinen unvereinbar. Das erste obsiegt im Tagesgeschäft von Politik, Wirtschaft und alltäglicher Daseinsvorsorge. Seine eingespielten Routinen und Mechanismen von Macht und Gewalt erdrücken jeden nachhaltigen Aufbruch ins Humanum und verweisen substantielle Feinheiten in den Elfenbeinturm der Hoffnung. Dort sind sie zur Untätigkeit verurteilt, bieten aber einen geistigen Fluchtraum, wenn die sogenannte Realexistenz nicht mehr auszuhalten ist. Hier werden dann auch die beschwichtigenden Sonntagsreden der politischen Kaste verfasst, die gelegentlich zur Gewissensberuhigung vorbeischaut.

Die Lehre von den zwei Reichen ist alt. Von biblischen Deutungen her kommend, sprach Aurelius Augustinus, dualistisch zugespitzt, von der *civitas terrena,* dem irdischen Staat, in teuflischer Hand; ihm stellte er die *civitas dei,* den Gottesstaat gegenüber, der sich in einem großen kosmischen Endkampf letztendlich durchsetzen wird. Bekannt ist auch die entsprechende Geschichtsdeutung von Martin Luther, der ein geistliches Reich sah, in dem bereits das Evangelium herrscht. Daneben setzte er das von Sünde geprägte weltliche. Doch auch bei allem, was noch vom irdischen Gesetz bestimmt ist, soll, so Luther, die gute Nachricht der Liebe durchscheinen und die Menschen ermutigen, Bürger im Reich Gottes zu werden.

Wie bei so vielem ruht die lebbare Perspektive im *Interim,* in der Schwebe zwischen *schon jetzt* und *noch nicht.* Das ideale Sein, auch wenn wir es noch nicht errichten können, muss doch *schon jetzt* den Alltag auf der Suche nach jenen Kompromissen bestimmen, in denen bei aller Nüchternheit der ersehnte Weg immer sichtbar und in Reichweite bleibt. Der Frieden mit dem Leben ist als Vision gerufen, alle entsprechenden Handlungsoptionen auszuloten und die

Umsetzung zu bestimmen. Und dazu gehört gewiss nicht, sich ob einer bestimmten Sicherheitsvorstellung in immer neue Dimensionen hinein aufzurüsten und so Gewalt und Vernichtung in hoher Wahrscheinlichkeit zu halten. Gerade im Krieg ist Friedenspraxis gefordert, so wie Stille, wenn wir in Lärm und Hektik versinken, und tiefe Atmung, wenn uns maximaler Druck beherrscht. Wann, wenn nicht dann?

Die Opfer, die dafür zu erbringen sind, betreffen vor allem die Muster des gängigen Denkens und der eingeübten, reflexhaften Empfindungen und Empörungen. Diese Muster sind der Motor des alten Reiches. Es geht also darum, an das als wahr Erkannte zu glauben und es zu vertreten, auch wenn die Umsetzung wiederholt vor Wände läuft.

Nach dem Zweiten Weltkrieg herrschte kurz Fassungslosigkeit ob des verheerenden historischen Debakels. Dann formierten sich, im alten Denken verblieben, die neuen Blöcke. Der Krieg wurde weiterhin in Vorbereitung gehalten. Die Menschenrechte fanden eine Formulierung, sahen sich jedoch ökonomischen Interessen, hegemonialen Ansprüchen und Machtgier weitgehend untergeordnet. Der Schutz von Umwelt und Mitwelt betrat die Wahrnehmung, wurde jedoch dem Wachstumsdogma geopfert.

So sieht sich schnell jegliche Zuversicht getäuscht. Gründlich. Ein daraus folgender lähmender oder gar depressiver Schleier wird es jedoch dem scheuen Gebilde des Glaubens an eine ersehnte Welt vollends unmöglich machen, Kontur anzunehmen. Erlischt dieser Glaube, hat der Mensch sich selbst aufgegeben. Und so gilt trotz aller Debakel und allen Scheiterns, dass es allein der unerschütterliche Glaube an die neue Wirklichkeit und eine daran anknüpfende *tätige* Hoffnung sind, die diese Wirklichkeit auch schrittweise erzeugen. Weltliche Herrschaft, mag sie noch so totalitäre Züge tragen, hat immer nur Macht über den äußeren, leiblichen Menschen.

Die Seele, den Geist und den Glauben an die neue Erde kann sie nicht wirklich bezwingen.

## Gewissheit in der Schwebe

Wie wir die Welt sehen, das Kommen und Gehen der Dinge, das Werden und Verwehen, liegt in der Eingebundenheit oder gar Verfangenheit in die Systeme und Lebenswelten begründet, die uns umgeben. Das schließt jene medialen Botschaften ein, denen wir uns aussetzen und die wir in unsere Lebenswelthorizonte integrieren. Entsprechende Erfahrungen, Sozialisation und Gewohnheiten prägen in der Folge den Blick auf die Welt, genau wie die sich daraus ergebenden Erwartungen, Urteile, Hoffnungen und Ängste. Jeder Mensch lebt in einer solchen Konstruktion. Mal stellt sie sich dar wie ein Puppenstubenhorizont; mal zieht sie unverrückbare kulturelle Koordinaten; mal ist sie weit und fließend. In jedem Falle jedoch folgen Wahrnehmung und darauf bezogene Schlussfolgerungen der inneren Logik meines persönlichen Universums und Lebensweltgebildes.

Damit kann man sich bescheiden, selbstzufrieden eingenistet oder auch ewig darüber nörgelnd, wie schlimm und ungerecht doch alles ist. Beide, selbstredend mit reichlich Zwischentönen ausgestatteten Lebenshaltungen geben sich mit einer Weltdeutung zufrieden, in der die Bereitschaft und der innere Impuls fehlen, über sich hinaus zu schauen und aus einer konträren oder widerborstigen Perspektive das Nah- und Ferngeschehen zu betrachten. Doch dieses ist Voraussetzung für ein tieferes Verstehen. Multiperspektivität, die eigenen Vorlieben der Wahrnehmung erweiternd, brechend und überschreitend, stellt die notwendige sachbezogene und emotionale Distanz her. Gegenläufig zu denken, den Widerspruch zu wagen, öffnet Optionsräume, die andeuten, was auch sein könnte, was jenseits des gerade Ablaufenden in unserem Verfügungsbereich läge.

Die eminente Herausforderung besteht darin, das Universum des Widerspruchs auch wider alle Erwartungen und wider das eigene Erfahrungswissen zuzulassen. Das an sich Undenkbare möchte sich auf die unvoreingenommene Probe gestellt sehen. Auf Hass mit Zuwendung zu reagieren, auf Gewalt mit Kommunikation, auf die Untat mit einem Prozess der Versöhnung gehört zu solchem „Undenkbaren". Zum Überleben werden wir es brauchen, zur Häutung der Kainsgestalt in uns, zum Abbruch perspektivloser Geschichte. Ohne den mitreisenden Widerspruch sehen wir in den Stürmen des *Hindurch* kein Land am Horizont, sondern kreisen nur immer wieder zu unserem Ausgangspunkt zurück.

Der Widerspruch bewegt die geistige und kulturelle Evolution. Er zeigt, dass das, was wir Wirklichkeit nennen, sich als unsicher, nicht eindeutig und unberechenbar darstellt. Es gibt so gut wie keine Aussage und keinen Satz, die nicht ihr Gegenteil, ihren Widerspruch in sich trügen. Nach Wahrheit zu streben, kann deshalb nichts anderes meinen als zu lernen, Widersprüche als Teil und aufgehoben in einer Wirklichkeit zu sehen, die größer ist als die unserer eigenen Weltbildkonstruktion. Unbedachtes Streben nach Eindeutigkeit führt zu Vereinfachungen, Blindheiten und schablonenhaftem Denken. Auf der Suche nach Antworten wartet die Kunst, Dinge in der Schwebe zu halten und genau darin ein hohes Gut zu sehen, anstatt voreilig Gewissheiten zu konstatieren. So bleibt die Vielfalt im Spiel und damit etwas, das den Reichtum des Lebens und der Kultur ausmacht.

Widerspruchstoleranz hält aus. Und das meint mehr, als lediglich passiv zu tolerieren. Es steht der aktiven Auseinandersetzung mit Unterschieden und Differenzen nicht entgegen. Im Gegenteil!

Entscheidend ist die Weise des Ringens und des Klärens und damit verbunden die Bereitschaft, Standpunkte zu riskieren. Es geht um jene Selbstsicherheit, die sich im Loslassen findet und bestätigt; die sich getragen sieht in einem nie endenden Lern- und Erneuerungsprozess.

Die sozialisierte Welt- und Lebensweltperspektive ist das eine; Integration des Widerspruchs und Multiperspektivität treten hinzu. Vollendung beginnt allerdings erst, wenn der Mensch sich in eine Metaperspektive hineinbewegt, in eine übergeordnete, evolutionäre, ja zeitlose Schau dessen, was wir als Bewegungen auf der Erde wahrnehmen. Dieser unverstellte, aus kontemplativer Weltzuwendung geborene Blick stellt die wesenhaften Bezüge und Relativitäten klar. Er abstrahiert auch von mir selbst und meinen Bedürfnissen, fügt sich in das Größere ein und wird genährt aus dem Fluss des Seins an sich. Er lehrt zudem, die Dinge in der Schwebe zu halten und damit uns selbst in einer größeren inneren Freiheit.

Die Metaperspektive als alltägliche Wahrnehmungspraxis fällt uns normalerweise nicht zu. Sie will durch all unsere Eingebundenheiten, Verfangenheiten und Inanspruchnahmen hindurch ersehnt und errungen sein. Es ist der wunderbare Kampf darum, in einem tieferen Sinne erwachsen zu werden.

## Mit dem Abschied leben

Für viele Menschen zeigt sich ihr Seinsraum als Bewegung innerhalb von Extremen. Er liegt zwischen der Anhaftung im Diesseits und dem Sehnsuchtsdrang, der in die Überschreitung führen will.

Der Mensch ist ein *Beharrungswesen*. Es scheint sich dabei etwas in ihm grundlegend zu sträuben, Erreichtes und Erlangtes als Freiheitsgut zu sehen, als etwas, das in Bewegung steht, sich verändernd, mutierend, zerfließend, vergehend. Leben ist ausnahmslos, bis in die vom Menschen geschaffenen Beziehungen und selbst bis in die Dinge hinein etwas Vorübergehendes. Mancher wird mit dunklem Blick sagen, dem sind wir ausgeliefert, die Vergänglichkeit ist unser Fluch. Eine andere mag sich demgegenüber dankbar im Fluss des Seins geborgen wissen und fühlen. Und sie nimmt als selbstverständlich hin, dass das soeben Gehörte bereits nicht mehr ist, wenn wir es als Klang vernehmen, so wie das vom Auge Erblickte schon im Moment der Wahrnehmung nicht mehr genau das ist, was ich fortan als ins Bewusstsein gebranntes Bild in mir trage.

Der Mensch ist aber auch ein *Transzendenzwesen*. Er streckt sich in das Unbedingte, in die zeitlose Energie des Absoluten, der wir entstammen und zu der wir zurückkehren und in der wir jederzeit ruhen. Fraglosigkeit erlöst hier das Haben- und Haltenwollen, getragen von einer Ursehnsucht, die den Menschen erst zum Menschen macht.

So schwingen wir zwischen Alpha und Omega und dürfen beides doch nicht als Endpunkte sehen, sondern Umschreibungen für Fließmomente in einem infiniten Prozesses. Unser Platz ist die Bewegung, unsere Identität der Strom von Potentialität und Vergänglichkeit. Diese Identität hat keinen festen Ort und keine feste Zeit und schon gar kein statisches Bewusstsein ihrer selbst. Wir können sie nicht haben, nicht an Dingen festmachen oder an zeitbedingten Normen und Urteilen.

Da mag man fragen: Was bleibt? Es bleibt die Identität*skrise* als Identität. Diese Krise schließt immer das Bewusstsein dessen, was wir Tod nennen, als letzte Freiheit mit ein. Der Tod steht als unübersehbares Zeichen für die Vergänglichkeit und doch setzt er zugleich die Zeit, die sich im Bewusstsein der Menschen vor ihm windet, außer Kraft und überwindet sie.

Menschen und Kulturen, die sich an das Gegenwärtige, das Sichtbare und das Immanente gebunden haben, verdrängen den Tod, vor allem den eigenen. Sie meinen „zu haben", grenzen sich damit ab und müssen verteidigen. Der Grunddefekt liegt darin, dass das Endliche absolut gesetzt wird. So konstruiert sich in der Folge eine ganz eigene Vorstellung von Ewigkeit, die ihre Nahrung darin findet, dass es anscheinend in dieser Weise immer weitergeht und immer besser wird und ansehnlicher. Wie im Fortschrittsglauben der Moderne und Postmoderne wird das epochale Ende nicht mitbedacht, werden der Verfall und das Vergehen überspielt. Entsprechend prägend sind die individuellen und kollektiven Muster der Verdrängung. Sie erheben sich zu einem mächtigen Schatten, was etwa dazu führt, dass wir uns ökologisch so verhalten, als wären wir unsterblich und unsere Nachkommen nicht vorhanden. Das ganze Lebensnetz leidet dramatisch darunter. So wird oft künstlich verlängert, was eigentlich abgelaufen ist, wird durch Klammern die Kraft entzogen, die dem Neuen, das kommen will, fehlt. Wer das Vergehen nicht auch als etwas Lebensbewahrendes sieht, kann das Leben nie verstehen.

Das Verständnis des Todes als finales Unheil wuchs mit der Herausbildung des Individualismus. Denn das Heraustrennen einer Lebensexistenz aus dem Netzwerk des universellen Seins gibt dem einzelnen Leben in der subjektiven Empfindung eine absolute Bedeutung. So steht der Tod für das definitive Ende. Allenfalls bleibt die Hoffnung auf ein Fortleben nach dem Tode. Doch dieses ist wiederum auch nur individualistisch gedacht.

Erst mit dem Wandel vom Ich-Bewusstsein zu einem Bewusstsein universaler Verbundenheit kann das Verständnis vom Tod dieser Verkürzung entrinnen. Nun steht das, was wir Tod nennen, für das Ende einer Wegstrecke, nicht aber des Weges selbst; es steht für den Fortfall realer Grenzen und das Eintauchen in neue Seins- und

Bewusstseinsströme. Es verbildlicht aber auch die nackte Notwendigkeit, Platz zu schaffen für neues Leben. Lernen, vom Ende einer Wegstrecke, vom Tode als Transformation her zu denken, befreit nicht nur ein Stück aus der fixierten und versklavten Zeit; es löst sich auch von jener Parodie von Ewigkeit, die sich in den Umschreibungen von Zeitlichkeit erschöpft.

Die unentrinnbare Wegstation des Todes stellt jeden Augenblick des Lebens in ein besonderes Licht und konfrontiert ihn mit spezifischen Herausforderungen. Sie wertet den Moment auf. Sie lehrt aber auch, konsequent den potentiellen Abschied auf nahezu alles hin zu leben, ja ihm, wie Rilke es in seinen Sonetten an Orpheus formuliert hat, immer voran zu sein:

*„Sei allem Abschied voran, als wäre er hinter*
*dir, wie der Winter, der eben geht."*

Das Leben bei allem Genuss des Moments auch als Abschied zu leben, nimmt der Welt viel an Macht über den Menschen. Der Mensch tritt in Distanz, ohne Intensität zu opfern, ja, gewinnt sie doch eigentlich erst im Horizont eines jederzeit möglichen und wahrscheinlichen Verlustes. Dazu gehört die Haltung des Abstands sich selbst gegenüber, den Gewohnheiten und Erwartungen, den Ängsten und Obsessionen. Im Zulassen des Ungewissen und in der immer wiederkehrenden und sich immer wieder neu und anders ausdrückenden Bereitschaft zur Selbsthingabe zeigt sich die jeden Tod überstrahlende Freiheit. Es ist dieses Zulassen, das den Menschen in die fortwährende Nähe zum göttlichen Bereich rückt und damit in ein Feld, das keinen Endpunkt kennt.

Im Abschied zu leben, das Sterben zuzulassen und dem Tod als Weggefährten zu begegnen meint nicht, der Welt und den sie bewohnenden Wesen gleichgültig gegenüberzutreten. Abschiede, und schon gar, wenn es sich um das körperliche Sterben geliebter

Menschen handelt, können nicht getrennt von der Bewältigung in der Trauer gesehen werden. Trauer wartet als das Gegenüber einer jeden Bindung, gehört zur Wahrscheinlichkeit einer jeden Liebe. Sie steht als Preis dafür, lieben zu können und lieben zu dürfen, und wir sind sie dem Gehenden und Gegangenen schuldig. Genau wie uns selbst.

In der Trauer beweist sich eine innere Haltung dem Abschied gegenüber. Der Tod und die Trauer stehen als letzte Bastionen der Freiheit im Diesseits – sie sind Tore in den Raum des Zeitlosen.

## Lob des Tagtraums

*Wenn ich esse, esse ich.*
*Wenn ich putze, putze ich.*
*Wenn ich den Garten jäte, jäte ich ...*

... und bin ganz achtsam und präsent bei dem, was ich gerade tue. Und sonst nichts! Ich lebe bedingungslos im Jetzt, verschmelze mit meinem Tätigsein, schweife nicht ab in meine Gedankenwelten.

Wer könnte es wagen, diesem Dogma des Zen, der Achtsamkeitslehre und der unzähligen Jetzt-Ratgeber zu widersprechen. Doch manchmal fordern unsere Innenwelten ihr Recht ein.

Beim Spazierengehen mit dem Hund noch in der Dunkelheit des Morgens, beim Laubrechen, beim Fegen der Küche meldet sich der Sehnsuchtsruf aus den Zauberwelten, die in einem rationalen Sinne nicht sind und vielleicht auch niemals sein werden. Und trotzdem sind sie da, waches Bewusstsein, und ich lasse sie deshalb immer wieder auch sehr bewusst zu. Wann sollen sie denn ihre zarten Fühler zu uns hin ausstrecken, wenn nicht in Zeiten, die uns ansonsten gedanklich nicht besonders fordern?

Nun könnte man einwenden, das sei doch alles nur *Maya*, Illusion, wie vor allem der Hinduismus lehrt. Es holt dich aus der Gegenwart. Ja, gewiss – aber die sogenannte Illusion ist zugleich eine Kraft, wenn sie sich mit dem Gegenwärtigen verbindet und ihm den Spiegel vorhält; wenn der Tagtraum von einem gelingenden Sein auf einer friedlichen und mit allem Leben versöhnten Erde dir zum Nordstern wird. Du weißt, du kannst ihn nicht erreichen, aber er gibt Orientierung und er zieht dich. Er zieht dich in eine Verfeinerung, ja Veredlung des Momenthaften, das dich umgibt. Er lässt dich wachsen.

Wenn ich meine Traumwelt zulasse, reichert das meine Wirklichkeit an und es verändert sie, wirkt in die sogenannte erste Realität zurück. Zwei Universen durchdringen sich gegenseitig. Die Grenze wird für einen Moment überwunden. Ich bekomme neue Energie für die Gegenwart, manchmal auch einfach nur Balsam für die Seele. Im Tagtraum widerstehe ich sowohl einer eiskalten Entwicklungsraserei wie auch einer gedanklichen Verödung. Ich bewahre Kostbarkeiten, zumindest in meinem Herzen. Ich halte die geistigen Felder zu den Gegangenen in meiner Erinnerungskultur aufrecht. Manchmal verdichtet sich der Tagtraum, gerade bei solchen Arbeiten, die ansonsten keine geistige Herausforderung darstellen, zur Vision, zu einer ganz eigenen inneren Prophetie. Und dann liegt ein Zauber über dem Moment und die Blätter liegen trotzdem im Korb und der Geruch des feuchten Laubes war mir trotzdem eine sanfte Berührung und der Boden im Wohnzimmer ist trotzdem wieder frei von Hundehaaren.

Auch das ist „Jetzt", auch das ist „Präsenz" – vorausgesetzt, ich bin mir auf einer Metaebene der Gleichzeitigkeit des ganz Unterschiedlichen immer bewusst. Wir sind Grenzgänger zwischen den Welten, und das ist gut so! Es ist das *Noch nicht,* das dem *Schon jetzt* die Ausrichtung schenkt.

# Nicht länger warten

Kein Warten mehr auf fernes Heil
Kein Trost mehr
Der im Morgen liegt

Die Zeit ist doch erfüllt
Die Ewigkeit schon längst
In uns hereingebrochen

Worauf wir hoffen
Ist schon immer da
Umgibt uns
Liegt vor uns
Lebt in uns

Durchschwingt den Raum des Geistigen
Wie ein in die Unendlichkeit
Sich ausbreitender Klang
Singt seine Melodie des Lebens

Verschlossen waren nur unsre Augen
Betäubt die Ohren
Verstockt das Herz
Zu sehr in Traurigkeit gehüllt die Seele
Erloschen das Vertrauen
Ins Jetzt

Die Hoffnung versklavt
An Bilder
Erwartungen
Erinnerungen

An den Lärm verloren
Was sich nach Stille sehnt

Mitgerissen im Sog der Geschehnisse
Wo wir Fels sein wollten
Im Strom und in der Brandung

Wie der kleine Vogel
Der betört vom stechenden Blick der Schlange
Einen Moment vergaß
Dass er Flügel hat
Die in die Freiheit tragen

Doch der Himmel in und über uns ist offen
Die Ferne ist als Nähe erkannt
Das Unendliche als Inmitten erspürt
Das Schiff der Sehnsucht angelandet

Nie wieder
Sich an das Noch-nicht verlieren
Dem Schon-jetzt
Mit einem Lächeln begegnen

# Würde und Freiheit

# Was für ein Zauber ...

Die Welt, in der wir leben, ist kalt und nüchtern geworden durch die Weisen, in denen wir auf sie schauen, über sie reden, sie missbrauchen und verbrauchen. Von ihrer „Entzauberung" sprach der deutsche Soziologe Max Weber bereits vor gut hundert Jahren und dass man im Wahn der Intellektualisierung und Rationalisierung glaube, alles durch Berechnung beherrschen zu können.

Gewiss, Mannigfaches, was in früheren Epochen als geheimnisvoll galt, haben der wissenschaftliche Geist und unermüdliches Forschen auf sachlich begründete Nachvollziehbarkeit reduziert. Mancher Zauber und manches sogenannte Mysterium wurden so entkleidet, dabei jedoch zugleich das Kinde hin und wieder mit dem Bade ausgeschüttet. Denn etwas zu verstehen und es zu erklären sagt nicht unbedingt etwas über sein Warum aus und über das, was jenseits der bloßen Funktionalität und mechanistischen Verständlichkeit liegt.

Natürlich ist es angemessen, ja vom menschlichen Geist her unausweichlich, unser Sonnensystem, in dem völlig unterschiedliche Planeten sich elliptisch um ihren Mutterstern bewegen, analytisch zu betrachten und ihnen astronomische und geologische Koordinaten zuzuweisen. Eine ungetrübte Seele nimmt jedoch noch anderes wahr. Ergriffen kann sie nur ehrfürchtig und staunend registrieren, was da geheimnisvoll durch einen unendlichen Raum schwebt – in atemberaubender Präzision, Regelmäßigkeit und Verlässlichkeit. Ähnliches gilt für die Lebenswelt der Tiefsee, die Farbenpracht und Artenvielfalt der Regenwälder, den Tanz der Galaxien in einem nicht fassbaren und unverstandenen Multiversum. Nicht zuletzt schließlich das irdische Leben selbst, jeder einzelne Baum, Vogel oder Mensch. Und solches gilt genauso für die Hervorbringungen menschlicher Schöpferkraft. Denken wir etwa an die

Musik von Bach, eine Sinfonie von Beethoven, die Fresken in der Sixtinischen Kapelle, den zum Göttlichen sich wölbenden Farbenraum der Kathedrale von Chartres oder die Poesie von Rilke. All dies ist exemplarischer Ausdruck einer kosmischen Harmonie, des ewigen Klangs einer göttlichen Komposition, mit dem Menschen als Vollender.

Warum aber sprechen wir von Zauber? Was meint das, jenseits der Fingerfertigkeit und Verhüllungskunst von Illusionisten und der Schaffung von Effekten, die sich nicht selten nur als fauler Zauber erweisen? Was spielt mit in jenen äußeren oder inneren Offenbarungen, die uns in ein ganz eigenes Weltempfinden, einen Freudenklang der Seele führen?

Der Zauber legt ein Gewand von Ästhetik und Schönheit über das Gegebene. Er lässt inmitten des Alltäglichen etwas aufscheinen oder besser durchscheinen, das berührt und ergreift. Die Seele sieht sich in ihrer ursprünglichen Reinheit erkannt und geht in Resonanz. Momenthaft entsteht eine Aura zwischen Mensch und dem Zauberhaften. Dieses muss nichts Außergewöhnliches sein, aus dem puren Sein aufsteigend kann der Zauber umhüllen.

Allerdings ist der Zauber nicht allgemein, nicht intersubjektiv. Er bedarf, um erkannt, oder besser: gespürt zu werden, eines offenen Bewusstseins, einer Zuwendung zum Dasein in Liebe, Ehrfurcht und auch einer gewissen Scheu. Verzaubert kann nur jenes Wesen werden, das sich eine letzte Unschuld bewahrt hat, eine tiefe Sehnsucht in sich trägt und eine suchende Wahrnehmung. Dann vermag im Einklang mit der eigenen Seelenmelodie die verschneite Landschaft, der in sanften Schleifen durch eine grüne Aue sich bewegende Bach, der Gesang einer Amsel im Sonnenuntergang, das von Luciano Pavarotti interpretierte „Nessun dorma" oder ein ganz in sich versunken dasitzendes, spielendes Kind das auszulösen, wozu du einfach nur sagen kannst: „Was für ein Zauber ..."

Bei aller äußeren Zerstörung, inneren Verwahrlosung und seeli-schen Verrohung in der Welt erinnert uns der Zauber an das Para-dieshafte, das noch immer den kosmischen und irdischen Reigen ziert. Es lässt sich überall finden und nahezu in jedem Moment. Es gehört zur Familie erfüllter Zeit, in der sich das Wunder stets präsent zeigt. Als *Kairos* bricht es in Gleichgültigkeit und Trägheit hinein, wartet darauf, beachtet und gewürdigt zu werden. Wer sich vom Zauber des Seins berühren lässt, lernt Demut, ohne sich dar-um bemühen zu müssen, setzt seine Schritte sorgsam in schützen-der Haltung. Er will nicht ergreifen, er will bewahren.

Es ist Zeit, eine Gegenwart und ein Gegenwärtigsein zu über-winden, deren nüchterne Augen an dem Wagnis hindern, in die schönsten Träume und den allenthalben sich verströmenden Zau-ber des Seins einzutauchen. Wenigstens aber möge man sich doch mit Dante Alighieri daran erinnern, dass uns drei Dinge aus dem Paradies geblieben sind:

*Die Sterne der Nacht*
*Die Blumen des Tages*
*Und die Augen der Kinder*

## Versuchung und Willensfreiheit

Wird Menschwerdung als die Befreiung zur bewussten Entschei-dung verstanden, dann kann es eine grundsätzliche Vorbestim-mung des Lebens, auch zum Bösen, nicht geben. Wohl aber verfügt jedes menschliche Wesen über Spielräume an Anlagen, Vermögen und Erfahrungen, innerhalb derer er sich zum Guten oder zum Bö-sen hin entscheiden kann. Gut und Böse treten, so besehen, ins Sein als Konsequenz eines Willensaktes. Auf ihm beruht jedes bewusste

Handeln, jedes Tun oder Nicht-Tun. Dieser Wille kann hinsichtlich der Frage von Gut und Böse nicht neutral sein. Und dies trifft sowohl auf den Willen zu, der aus der Freiheit als Wahl resultiert, als auch auf den, der die Freiheit zum reinen Willkürakt missbraucht.

Dass der Ursprung des bösen und lebensfeindlichen Handelns in der Willensfreiheit liegt, hat als philosophische Einsicht eindrücklich Aurelius Augustinus (354–430) formuliert. Erst durch die Wahl in Freiheit und damit durch den gewollten Einfluss des Menschen lässt sich das Motiv des Tuns als gut oder böse einordnen. In der Freiheit liegt die letzte Bestimmung des Menschen und seine Letztverantwortung für Tun und Nicht-Tun sowie deren Konsequenzen.

Diese Freiheit strahlt als unsere Bestimmung seit dem Abschied aus Eden. Dem Mythos nach war es der Abschied aus der unbewussten Einheit mit Gott und der damit zugleich verbundenen paradiesischen Unmündigkeit. Erst durch diesen Schritt entsteht Menschsein in Würde; erst dadurch bildet sich die Voraussetzung für eine personale Identität. Sie treibt aber zugleich die Anforderung, dem nun auch gerecht zu werden und die eigene Identität bewusst zu formen, immer weiter voran.

Zugespitzt, aber für die menschliche Existenz in Freiheit durchaus auch als symptomatisch anzusehen, ist die Entscheidung, in die der Versucher Jesus am Ende eines vierzigtägigen Fastens führt (vgl. Lukas 4,1–13). Den drei außerordentlichen Versuchungen muss Jesus alleine und aus freier Entscheidung widerstehen. Kein Gott kann ihm das damit verbundene Ringen ersparen. Denn täte er dies, würde er damit zugleich die Grundlage dafür entziehen, sich *bewusst* dem Guten zuzuwenden. Die Versuchung wird zur Probe auf das Gnadengeschenk der Freiheit; und der Mensch ist aufgefordert, sich ihr immer wieder als würdig zu erweisen. Nur so können wir auch unserer letzten Bestimmung, nämlich nach dem Maßstab der Liebe zu leben, aus freier Wahl entgegengehen. Irrtum und Scheitern allerdings sollten mitbedacht werden. Das sogenannte Böse versteht es blendend, sich zu maskieren und als sein Gegenteil aufzutreten.

Sollte an dieser Stelle die Frage auftauchen, worin sich denn das Gute und das Böse unterscheiden, so lässt sich mit Albert Schweitzer antworten: „Gut ist, was dem Leben und seiner Entfaltung dient. Böse ist, was Leben bewusst vernichtet, schädigt, behindert."

## Die Lichtseite des Menschen

Manchmal drängt sich der Eindruck auf, dass wir als Menschheit nicht nur nicht wirklich weiterkommen, sondern permanent zurückgeworfen werden an Punkte, die doch eigentlich schon längst überwunden sein wollten und vor allem sollten. „Nie wieder Krieg", schallte es nach 1945 über die Erde. „Es gilt Maß zu halten", mahnte der Minister des Wirtschaftswunders, Ludwig Erhard. „Die Grenzen des Wachstums" sind erreicht, verkündete 1972 der Club of Rome. Und so weiter ...

In diesen Tagen sieht es so aus, als seien wir wieder bei Null angekommen. Was die Weltsituation insgesamt betrifft, sogar auf einer desaströseren Basis als jemals zuvor – den Zustand der Biosphäre, von Flora und Fauna, von Wasser, Gewässern, Erde und Luft mitbedacht. Deutschland lebt und verbraucht, als gäbe es drei Erden. Und so mag heute wohl alles andere als der rechte Zeitpunkt sein, einen wohlgesonnenen Blick auf Mensch und Menschheit zu werfen. Gleichwohl gibt es dazu keine Alternative. Wir gäben uns ansonsten selbst auf und zögen große Teile des planetarischen Lebens mit, die von unserem zukünftigen vernunftgemäßen Handeln abhängig sind.

Besteht deshalb zwar aller Anlass, hart mit uns ins Gericht zu gehen und resignativ den Daumen zu senken, so gilt es gleichzeitig doch zu registrieren, dass sein schier unerschöpfliches Potential dem Menschentum eine unwiderstehliche Anmut verleiht. Wir leben inmitten eines großartigen Möglichkeitsraumes. Diesen gilt es lediglich endlich zur Liebe und der Fülle der Gegenwart hin wahrzunehmen. Mehr als eine innere Öffnung, Zuwendung zum Moment und das Zulassen der allzeit präsenten Schöpfungsenergie sind dafür nicht erforderlich. Das sogenannte Göttliche existiert nicht außerhalb und fern; es ist auch nichts wesenhaft Fremdes; vielmehr wohnt es inmitten der Menschen. Und nur durch Geist, Willen und Hände des Menschen kann es in die Welt treten und zu sich selbst kommen.

Dieser Gedanke tritt bereits im mystischen Judentum auf. Die Großartigkeit des Menschen wird hier gerade deshalb betont, weil er sich dem Schöpferischen öffnen und es in sich wirken lassen kann. Martin Buber erzählt in seinen Schriften über den Chassidismus dazu:

> *„Rabbi Mendel von Kozk überraschte einst einige gelehrte Männer, die bei ihm zu Gast waren, mit der Frage: ‚Wo wohnt Gott?‘ Sie lachten über ihn: ‚Wie redet Ihr! Ist doch die Welt seiner Herrlichkeit voll!‘ Er aber beantwortete die eigene Frage: ‚Gott wohnt, wo man ihn einlässt.‘"*

In dieser Weltsicht verschwinden das Defizitäre, Böse und Vernichtende nicht aus dem Horizont der Wahrnehmung. Aber es wird ihnen aberkannt, eine eigenständige Wesenheit zu sein. Vielmehr verkörpern sie Kräfte, die noch auf ihre Transformation und lebensdienliche Befreiung warten. Erst damit wird der Mensch zu seiner Vollgestalt geführt.

Dieser Schritt führt über das große JA. In jedem Moment das Leben begrüßen, hineinspüren und darauf hören, wonach es dürstet. Und dann nach entsprechenden Handlungswegen suchen. Das Ja, nicht der Hader trägt die Freude und mit ihr die liebende Gestaltung. Hierin liegt der tiefere Sinn des berühmten Satzes, den Augustinus schrieb: „Liebe, und dann kannst du tun, was du willst."

Liebe wächst nur dort, wo der Mensch Ja sagt. Es ist das Ja, das die Tür zu unserem Zuhause öffnet. Dort tritt unser wahres Wesen auf uns zu, geformt aus der Einheit von Immanenz und Transzendenz. Irdische Wirklichkeit und ideales Sein stehen in Wechselwirkung. Sie halten die Spannung zwischen *schon jetzt* und *noch nicht*. Als Kind der Sehnsucht bietet das *Noch nicht* dem bereits Vorhandenen Orientierung.

In der bewusst wahrgenommenen und lebensdienlich gerichteten Schöpfungsenergie zwischen dem, was ist. und dem, was werden will, setzt sich ein Mensch ins Verhältnis zu Leiblichkeit, Geist und Transzendenz. Gefahr lauert immer nur dort, wo die Trägheit dazu verleitet, sich mit dem scheinbar Gegebenen zufriedenzugeben, selbst wenn es von Ungerechtigkeit, Lieblosigkeit und Lebensfeindlichkeit durchzogen ist.

Das von einem einzelnen Menschen ausgedrückte und verkörperte Ja wird die Erde nicht vom Flächenbrand der Barbarei erlösen. Aber dort, wo es, dem Leben zugewendet, in den Moment geatmet und gesprochen wird, gibt es Zeugnis von dem, was unmittelbar möglich ist. Heilung wird wohl nie als globales Programm funktionieren. Sie beginnt immer an dem Punkt, an dem ich mich gerade befinde. Das mag wie ein Fluch klingen, aber vielmehr noch zeigt sich darin die Segenskraft menschlicher Existenz.

# Was ist dein Weg?

„Der Mensch wird des Weges geführt, den er wählt." Solches lehrt uns der Talmud, die jüdische Weisheitsschrift zur Auslegung der biblischen Texte. Das scheint mir nicht nur für eine einzelne Person zu gelten, sondern für die Menschheit, den Menschen an sich, im Gang durch die Evolution. Immer haben wir eine Wahl, auch wenn jeder Mensch, jede Kultur, jedes Volk auf unterschiedliche Ausgangsbedingungen blickt und lernen muss, mit den Folgen des vergangenen Tuns und Widerfahrens bewältigend und zugleich zielorientiert umzugehen. Das setzt fortwährende Klärungen voraus. Martin Buber spricht in seinem Werk „Pfade in Utopia" davon, dass das Leben ein *Hindurch* sei. Und er resümiert: „Hindurch aber werden wir nur dringen, wenn wir wissen, *wohin* wir wollen." Wahl also setzt Wissen und vor allem Orientierung voraus. Niemand kann uns diese Klärung abnehmen, wenn wir nicht von Kräften geführt werden wollen, die andere hervorgerufen haben oder die uns als „Zufall" begegnen.

Klärung und Wahl öffnen Schneisen im Leben, die wir begehen können. Aber sie versprechen keine Sicherheit. Die Kontingenz, der unberechenbare Faktor, sie verbleiben immer im Prozess. Dies gilt genauso wie die Einsicht, dass wir im Letzten natürlich nicht die Herren unseres Schicksals sind. Da spielen noch ganz andere Energien mit. Aber wir können die Weichen stellen, vertrauen und uns Hoffnung tätig „verdienen". Scheitern inbegriffen.

Menschen beschreiben ihr Leben manchmal aus einer Selbstsicht, in der das Nichtgelingen, die zerbrochenen Erwartungen, das Scheitern also, im Zentrum stehen. Ja, sie vergleichen ihren Weg dann gar mit anderen, bei denen doch alles scheinbar besser lief und läuft. Ich denke dann eher an Sisyphos, den antiken Helden. Die Götter verurteilten ihn ob seiner Aufsässigkeit dazu, immer wieder einen gewaltigen Stein einen Berg hinaufzustemmen, nur um dann ansehen zu müssen, wie er wieder herunterrollt. In der Deutung von Albert Camus ist das jedoch kein Desaster, sondern der Umgang damit vielmehr eine Sache der inneren Einstellung. Die Wahlmöglichkeit zeigt sich darin, entweder zu verzweifeln und damit den Göttern ihren billigen Triumph zu gönnen; oder das Schicksal anzunehmen und es zur eigenen Sache zu machen. Denn auch im Kraftaufwand kannst du frei sein; auch im Innehalten nach der Arbeit; auch im befreiten Gehen den Berg wieder hinunter; auch im Durchatmen vor der nächsten Anstrengung. Die Wahl des Weges besteht so in einem Bewusstseinsakt dem scheinbar Unabänderbaren gegenüber. Sie verwirklicht sich im fortwährenden Erkämpfen der inneren Freiheit und der Zuversicht wider alle Wahrscheinlichkeit. Dies ist es, was Camus im letzten Satz seines Essays über den *Mythos von Sisyphos* zu der Aussage führt: „Wir müssen uns Sisyphos als einen glücklichen Menschen vorstellen."

## Aufbruch in das neue Land

Wie ein verschlossenes Buch liegt die Zukunft vor uns. Die einzelnen, noch leeren Seiten, öffnen und beschreiben wir durch das, was wir jetzt in diesem Moment denken oder nicht denken, tun oder nicht tun. Nichts davon war schon einmal da. Und noch immer ist jederzeit so vieles möglich, trotz der Sackgassen, in die sich die Menschheit manövriert zu haben scheint, trotz der nicht zu heilenden Schäden, mit denen wir diesen wunderbaren Planeten gezeichnet haben.

Als gelebte Ambivalenz verkörpert der Homo sapiens zweierlei: das, was in Anmaßung, Gier, Ignoranz, Versuchung und Trägheit wurzelt; aber eben auch das Potential, das Liebe, Empathie und

Zuwendung in ihm wecken. Dieser Möglichkeitsraum umgibt uns allenthalben. Im besonderen Moment, der alles enthält und den wir *Kairos* nennen, öffnet sich dieser Raum in unserem Bewusstsein, und wir betreten ihn. Es ist, als bräche etwas aus dem Ewigen in unser Zeitliches, in unsere Alltagswirklichkeit ein, den Zauber dessen versprühend, was auf seine Geburt wartet. Kairos-Momente wollen erahnt, gespürt und dann ergriffen werden. Mit dem, was sie freisetzen und wozu sie uns befreien, tritt Wandlung ein – von mir, der ich mich dem Strom der Veränderung mitgestaltend hingebe und von Welt.

Die in dieser Erdzeitstunde Lebenden sind für die Kommenden da. Ihr Auftrag lautet, dem zu dienen, was nach uns auch noch „Leben inmitten von Leben" (Albert Schweitzer) sein will, umgeben vom Wunder der Schöpfung und mit immer noch vielfältigsten Gestaltungsoptionen. Das ist nach dem Raub an Zukunftsmöglichkeiten, die wir durch unsere Art zu leben und zu konsumieren zu verantworten haben, zweifellos unsere Bringschuld. Der verlorene Sohn, der im Gleichnis, das Jesus erzählt (Lukas 15,11–32), so vieles ichbezogen und sinnlos verschleudert hat, ist gefordert, sich aus der Grube der Verlorenheit zu erheben. Er schüttelt den Schmutz ab und macht sich auf – nach Hause, zu der Heimat des Heils, aus der er einst entfloh. Darauf gilt es sich auszurichten, dort wartet Erfüllung. So mag auch unsere wahre Sehnsucht, die sich nach Ganzheit und einer umfassenden Liebe streckt, aus ihrer Verdinglichung geholt und ein wenig gestillt werden.

Was getan wurde, was wir versäumt haben, es lastet auf uns. Und doch ruft die Zeit dazu auf, sich von dieser Beschwernis zu befreien. Wir benötigen alle Energie für eine erfüllte Gegenwart und den liebenden Aufbruch in das neue Land. Darum gilt es, sich nicht zu sehr zu sorgen um das, was gestern war. Gewiss, es braucht die Erinnerung, vor allem auch, damit die verhängnisvollen Momente der Geschichte sich nicht wiederholen. Jedoch möchte ich mich nicht in der Klage ob meiner Schuld oder der von anderen verlieren. Vielleicht ist es sogar Zeit, die Kategorie „Schuld" in diesem Kontext selbst zu überwinden und sich immer neu in die Schönheit des Seins an sich hineinzuleben. Wir erwählen eine Blume aus dem Strauß der buntesten Möglichkeiten und pflegen sie. Kann es eine bessere Antwort auf unsere Blockaden in der Vergangenheit geben?

Die Entschiedenheit dazu schulde ich meiner Selbstachtung; die Tapferkeit, notwendige Schritte dann auch wirklich zu gehen, meiner Würde. Billig ist diese allerdings nicht zu erlangen und zu halten. Doch ohne sie entfaltet sich kein menschliches Leben, das diesen Namen verdient. Tiere und Pflanzen haben die Würde an sich, unbewusst und gnadenhaft gegeben. Aber sie verfügen nicht über die Freiheit, sie zu verletzen. Wir Menschenwesen haben beides, und so müssen wir in jedem Moment unseres Seins um ihre Reinheit und Unschuld neu ringen. Vielleicht verstehen wir dann irgendwann, dass die Wahrung unserer eigenen Würde an der Respektierung derer eines jeden anderen Lebens, auch des nicht menschlichen, hängt.

## Die Freiheit des Lassens

Dass wir zur Freiheit befreit und verurteilt zugleich sind – das lehrt nicht zuletzt der Mythos der Vertreibung aus dem Paradies. Wobei wir schon die Frage stellen sollten, was denn „Paradies" eigentlich meint. Assoziieren wir damit Wohlfühlen, Sorgelosigkeit, gar ideales Menschsein, dann scheint das Bild trügerisch. Man kann den Mythos auch so lesen, dass der Garten Eden für eine fürsorgliche Belagerung durch einen eifersüchtigen Gott steht, der uns

Entwicklung und damit das Menschwerden verweigern will. Denn Menschwerdung, und in diesem Sinne irgendwann auch die Annäherung an die Ebenbildlichkeit zum Göttlichen hin, gibt es nicht ohne die Kost und Verdauung der Früchte vom Baum der Erkenntnis. So gesehen: Danke, Eva! Deine „Verführung" hat den Weg geebnet in den Prozess der selbstbestimmten Entscheidungsfindung, die auf Erfahrung und Erkenntnis beruht.

Fest steht: Als Menschen leben wir ständig und unausweichlich in Entscheidungen. Wir sind zur Entscheidung in Freiheit gleichsam Gezwungene. Es gibt kein Ausweichen. Denn auch das Sichverweigern kommt einer Entscheidung gleich.

Aber um welche Entscheidungen geht es hier und wohin richten sie sich? Und wie weit reichen sie? Die (scholastische) Theologie lehrt bis in unsere Tage, dass die Freiheit als Willensfreiheit uns dahin führt, etwas zu tun oder zu lassen. Das sei der Sinn aller Gebote und Verbote. Ohne freien Willen gebe es keinen Verdienst und keine Sünde, keine gerechte Strafe und keinen gerechten Lohn. Das beinhaltet also die Freiheit in Richtung sowohl auf das Gute als auch auf das Böse. Dieses – menschheitsgeschichtlich betrachtet – pubertäre Freiheitsverständnis kann einer sich am Wendepunkt ihrer Entwicklung befindenden Menschheit nicht länger als Selbstverständnis dienen. Die Freiheit, in der wir uns als Menschen entfalten, hat nur Wert im Hinblick auf Optionen, welche die Freiheit nicht selbst gefährden oder gar aufheben durch Gefährdung der Seins-Möglichkeiten schlechthin. Freiheit also, wie das Leben überhaupt, ist nicht statisch. Sie darf in ihrer Ausrichtung nicht als ein einmal (von Gott) gegebener Zustand verstanden werden. Sie *ist* nicht, wir *haben* sie nicht, sie *wird*, will täglich neu errungen werden. Und damit wandelt sie sich, eingebunden in den Wandel und die Entwicklung unseres menschlichen Selbst. Mit unserem geistigen und ethischen Wachstum entwickelt sich auch weiter, was Freiheit bedeutet; und es differenziert und verfeinert sich zugleich die innere Instanz für das freiheitliche Handeln – das Gewissen. Dieses Freiheitsverständnis hält demnach bestimmte Optionen nicht mehr zur Verfügung, ja der Verzicht auf sie erst macht im eigentlichen Sinne frei.

Freiheit kann nicht wachsen, ohne dass eine Person Abhängigkeitshaltungen erkennt und überwindet. Abhängigkeitshaltungen entstehen gegenüber Dingen, Gütern, äußeren Werten und Strukturen, die gleichsam ein Eigenleben führen und „Pflege" sowie „Zuneigung" abfordern. In Abhängigkeitshaltungen führen Zeitgeiststörmungen, Moden, öffentliche Meinungen, Moral und Gewohnheiten. Aber auch Erkenntnis-Schulen der Weisheit und des Wissens, die uns in geistigen Engführungen halten, sind dafür mitverantwortlich. Abhängigkeitshaltungen entwickeln wir schließlich gegenüber Personen. Das passiert immer dann, wenn Beziehungen, auf allen Ebenen, von Projektionen, Erwartungen, Anhaften oder Abstoßung und nicht vom *Sein*-lassen geprägt sind. Den anderen *sein* lassen allerdings kann nur der, der sich selber auch immer wieder *sein* lässt, *werden* lässt; der den Respekt gegenüber dem eigenen Selbst aus dem Respekt gegenüber dem anderen zieht und umgekehrt. Die Freiheit des Lassens schafft neuen Freiheitsraum. Sie lässt überlebte Optionen hinter sich und öffnet neue. Sie hält Seele und Bewusstsein, aus denen der Strom der Freiheit fließt, entwicklungs- und ganzheitsfähig.

Das Ringen des Menschen um Freiheit in Entwicklung ist das Ringen darum, sich durchlässig zu halten für das Feld einer überzeitlichen Ordnung, die jenseits menschlicher Konstruktionen und Projektionen liegt. Es ist das, was im Taoismus das TAO, der WEG genannt wird. In der darauf gerichteten Freiheit hält der Mensch sich in Berührung mit einem fließenden und zugleich in sich ruhenden Universum.

## Das Gewissen

Dem Friedensnobelpreisträger und Lebensethiker Albert Schweitzer verdanken wir den Hinweis, dass ein gutes Gewissen eine Erfindung des Teufels sei. Es ließe sich ergänzen, dass in einer zerrissenen und vieldeutigen Welt selten kristalline Klarheit herstellbar ist.

Oft genug leben wir als Angehörige unterschiedlicher Systemwelten mit unterschiedlichen Anforderungskoordinaten – etwa aus Politik, Kultur, Religion, Familie, Arbeitswelt ... Selbst wenn diese ein übergeordneter ethischer Kompass verbindet – in der klaren Entscheidung pro oder kontra sind Verletzungen und auch Teilirrtümer unvermeidbar. Willst du etwa ein brutal überfallenes Land mit Waffen unterstützen, damit es sich verteidigen kann, oder willst du dem übergeordneten Friedensgebot folgen, das dich lehrt, Frieden nur durch Frieden erreichen zu können? Welche Rolle spielt bei solchen Fragen und Entscheidungen das Gewissen? Und was ist das eigentlich? Die Antwort fällt vielschichtig aus.

Schon seit der Antike lebt die Vorstellung einer inneren Instanz, aus der ein sittliches Urteil hinsichtlich des menschlichen Handelns und Verhaltens spricht. Normalerweise sieht sich der Mensch genötigt, dieser inneren Stimme zu folgen, würde er ansonsten doch sich selber und seine Selbstachtung infrage stellen. Hinsichtlich des Ursprungs gibt es verschiedene Einschätzungen des Gewissens. Der eher soziologische Blick sieht es als Resultat der gesellschaftlichen Verhältnisse, von Erziehung und der Prägung durch die unterschiedlichsten Instanzen sowie die vorherrschenden Wertvorstellungen. Eine eher anthropologische Sichtweise erkennt es als naturgegebene Anlage, eine Urregung des Herzens, eine existentielle Urteilskraft hinsichtlich gut und böse, die unserem Wesen beigegeben ist.

Beides trifft in Verbindung mit der je unterschiedlichen persönlichen, auch gesundheitlichen und psychischen Disposition eines Menschen zu. Denn selbstredend erfährt die Stimme, die uns erst zu Menschen macht, ihre Tonalität und Färbung durch mein So-Sein in Familie, Gesellschaft und Kultur. So ist es gerade totalitären Systemen und Ideologien eigen, dass sie es durch Gewalt, Indoktrinierung und Propaganda vermögen, etwa die Grundregung des Gewissens wider das Töten von Menschen umzuprägen in ein: „Du sollst töten!“ Der Nationalsozialismus ist dafür herausragendes Beispiel. Doch der Reigen führt bis in religiöse Fanatismen hinein – wie etwa bei der Inquisition der Kirche des Mittelalters oder aktuell beim „Islamischen Staat“.

Das Gewissen also will wohl abgewogen sein, zwischen seinem Wesen als innerem Heiligtum des Menschen und seinen Anforderungen hinsichtlich der äußeren Welt. Dieser Spannungsbogen ist nicht auflösbar. Er begleitet uns in alle Entscheidungen unterschiedlichster Reichweite hinein. Und er ist ernst zu nehmen, denn ethisch wird Handeln, ja Denken, erst, wenn es an das Gewissen rückgebunden ist. Nur das holt Handeln und Denken aus der Gefahr, mehr oder weniger beliebig instrumentalisiert zu werden bzw. mit unterschiedlichem Maß zu messen.

Das Gewissen bleibt die letzte Instanz! Nichts Kostbareres neben der Liebe können wir unseren Kindern auf allen Ebenen der Sozialisation mitgeben. In erster Linie dadurch, dass wir es selbst leben. Die Verantwortung, die mit der Gewissensorientierung als ungebrochener Suche nach dem Guten verbunden ist, richtet sich somit immer auf das Eigene und die Mitwelt zugleich. Wobei wir heute konstatieren müssen, dass *Mitwelt* alles Leben umfasst, also über den Menschen weit hinausreicht.

Ein Kernproblem für das Gewissen liegt in Unwissenheit, die oft als Quelle eines Fehlurteils angesehen werden muss. Eine entsprechende Wahrscheinlichkeit steigt mit der Zunahme von Komplexität und Unüberschaubarkeit gesellschaftlicher und kultureller Prozesse. Ohne Bemühen um möglichst vielfältige, auch den Widerspruch beinhaltende Informationen ist deshalb die Suche nach dem rechten Weg und dessen ehrliches Erspüren kaum vorstellbar. Und ohne dieses Bemühen, ja gar dem Verweigern von Wissen und Information entsteht ansonsten Schuld. „Wir haben doch nichts gewusst ..." kann spätestens seit den Nazi-Verbrechen nicht mehr als Ent-schuld-igung dienen.

Im Bewusstsein, nicht unfehlbar zu sein, lebt das Gewissen idealerweise in einem Feld hoher Wachsamkeit und Achtsamkeit. Darin lernt es zu differenzieren zwischen den aktuell gültigen Moralvorstellungen einer Gesellschaft, überzeitlichen Werten und der Stimme des Herzens. Selbstreflexion wäre dafür ein anderes Wort. Und diese beinhaltet vor allem auch die Botschaften, die uns in der bewusst aufgesuchten Stille berühren – wenn wir die Konditionierung durch Gedanken, durch unhinterfragte Gewöhnungen und verinnerlichte Regeln für eine Zeit abstreifen bzw. ruhen lassen. Wenn wir also eins werden mit unserem eigentlichen, dem tieferen Selbst, der Heimat ursprünglicher Gewissensregung.

## Alles, was Odem hat ...

Ein Frühlingstag. Es mag 1954 oder 1955 gewesen sein. Unruhig vertrieb ich mir die Zeit auf dem Hof vor der Schule, in der meine Eltern, meine Schwester und ich wohnten. Mein Vater war Lehrer in dem kleinen oberhessischen Dorf. Besuch hatte sich angekündigt, der zum Sonntags-Kaffee kommen wollte. Verwandte aus dem Oldenburger Land. Sie hatten einen großen Bauernhof, dort, wohin der Krieg nicht direkt gekommen war. In meinem kindlichen Verständnis mussten sie reich sein, denn mein Vater hatte erzählt, dass sie einen Opel Kapitän fahren. In unserem ganzen Dorf gab es damals nur zwei Autos, Volkswagen Käfer, noch mit geteilter Heckscheibe. So lief ich an der Straße auf und ab, setzte mich mal auf die Steinmauer, spielte kurz mit dem Schäferhund des Hausmeisters, der zwar Bösdörfer hieß, aber lieb und freundlich war; rannte zurück zur Straße, und dann passierte es: Ich bemerkte das erste Mal in meinem kurzen Leben, dass ich atme. Schlimmer noch: Mir wurde bewusst, wirklich bewusst, dass ich atmen muss. Es war ein bedrängendes Gefühl, wie eingesperrt werden, wie vollkommen hilflos sein. Wütend hörte ich auf zu atmen, was die Beklemmung noch größer machte. Ich dachte, jetzt musst du sterben. Alles war so eng. In dem Moment bog ein dunkelblauer großer Wagen von der Hauptstraße, die nach Fulda führt, in die Schulstraße ein. Es war ein Opel Kapitän. Überall silbern glänzendes Chrom. Kein Gedanke mehr über das Atmen.

Diese erste Begegnung mit dem Atem hat sich in mein Gedächtnis und in meine Empfindung eingebrannt. Für den vier- bis fünfjährigen Jungen war die Einsicht in die Überlebensnotwendigkeit des Atmens angsteinflößend und bedrohlich. Seitdem hat mich die Frage nach dem Wesen und der Bedeutung des Atems und des Atmens nie wieder losgelassen. So weit die Vorgeschichte – als eine anekdotische Antwort darauf, warum man sich über das Selbstverständlichste überhaupt immer wieder Gedanken macht. Sortieren wir etwas:

*Medizinisch-anthropologisch* stellt sich laut Lexikon die Atmung dar als „das Ergebnis einer koordinierten Muskeltätigkeit, die zum Heben und Senken des Thorax (Brustatmung) und des Zwerchfells (Bauchatmung) führt." Der so entstehende Atemstrom führt zum Gasaustausch Luft in die Lunge. Sauerstoff wird zugeführt, Kohlendioxid wird abgegeben.

*Religiös* betrachtet schenkt Gott den Atem als Lebenskraft. In den Psalmen heißt es eindrücklich: „Nimmst du ihren Odem, so schwinden sie hin und kehren zurück zum Staub" (Psalm 104,29).

In vielen Kulturen steht der Atem synonym für Geist, Gottes Geist. Von *Atman* oder *Prana* spricht etwa der Hinduismus, *Ruach,* der Gotteswind, formuliert das Hebräische, *Ruh* der Islam. Das griechische *Pneuma* schließlich meint göttlicher Geist, aber auch Windhauch und wird mit feuriger Substanz in Verbindung gebracht. Wie auch immer ... wenn wir uns bewusst und achtsam auf den Atem einlassen, werden wir spüren, wie er trägt – empfangend, freigebend, lassend. Jeder Atemzug steht dabei symbolisch für das ganze Sein. Du atmest das Leben ein – und ausatmend gibst du es hin ...

Wer das verstanden hat, kann jederzeit neu in das Sein eintauchen, gleich auch, was war. So wird der Atem zur tiefsten Form des Gebets. Fortwährend sprechen wir es in den Strom des Lebens, aus dem es entstammt.

*Das Atmen ist Gebet*

*Empfangen*

*Geben*

*So steht das Atmen*

*Für das Leben*

*Das einatmend kommt*

*Und ausatmend geht.*

Das bewusste Atmen befreit für einen Augenblick von Erinnerungen. Pläne, Ängste, Sorgen liegen momenthaft nicht mehr im Feld des Spürens. Es herrscht kein Mangel. Alles ist da. Die Zeit ist erfüllt – für „alles, was Odem hat" (Psalm 150,6).

# Die Würde der Pflanzen

Mensch, Tier, Pflanze – unausgesprochen tragen wir diese Stufenfolge der Bedeutung von Leben in uns. Pflanzen stehen ganz unten, sind auf den Dienst an höheren Lebensformen hin gedacht. Zwischen der achtlos zertretenen kleinen Blume und dem Respekt und Geborgenheitsgefühle einflößenden mächtigen Baum klaffen auf unserer inneren Skala zweifellos Welten. Doch auch die erhabenste Eiche und die schönste Linde müssen fallen, wenn sie die Planungen der Menschen stören oder ihr Holz Gewinn verspricht. An ihrem Nutzwert wird die Pflanze gemessen – dem der Verarbeitung zu Produkten, dem der Nahrung für Mensch und Tier, dem der Zierde für Park, Garten und Haus, dem der Heilung von Körper und Seele.

Vor dem Zusammenhang und Zusammenspiel der Lebensformen auf dem Lebewesen Erde hat dies sicher seine Berechtigung. Mensch und Tier konnten nur zu ihrer Höherentwicklung aufbrechen, weil das Reich der Pflanzen ihnen in unerschöpflicher Vielfalt und Fülle alles zur Verfügung stellte, was sie neben den Elementen zum Leben benötigen. Und doch ist da noch mehr: In der Natur verbirgt sich ein Eigensinn und Eigenwert, der über Funktionalität und den Dienstcharakter für andere Lebewesen hinausweist. Ein verschwenderischer Reichtum an Formen, Gestalten, Farben und Gerüchen ziert den Planeten. Es mutet an wie eine glänzende Selbstdarstellung pflanzlicher Wesenheiten. Diese bildet sich nicht nur aus einem Zweckmäßigkeitsgefühl heraus, wie Darwin es lehrte. Dahinter steht eine Formidee, die von Ebenmaß, Harmonie, Ästhetik und Außergewöhnlichkeit bestimmt ist!

So kann man wohl sagen, dass das Sein aus sich heraus einem schöpferischen Impuls nach Vollendung folgt. Dieser untersteht noch anderen Gesetzmäßigkeiten als denen, die sich aus der gegenseitigen Verwiesenheit unterschiedlichster Lebensformen ergeben. Pflanzen steht so ein Lebensrecht, ja eine eigene Würde zu, die sich aus ihrem Sein an sich ergeben. Sie atmen und verströmen den Hauch ihrer Einmaligkeit und sind sichtbarer, lebendiger Ausdruck des schöpferischen Impulses, dem sie entstammen. Auch in ihnen verwirklicht sich die kosmische Liebeskraft. Auf ihre Weise vermögen sie gar den unsteten Menschen zu überstrahlen. In der Bergpredigt spricht Jesus die bedenkenswerten Sätze:

*„Schaut die Lilien auf dem Feld an, wie sie wachsen: Sie arbeiten nicht, auch spinnen sie nicht. Ich sage euch, dass auch Salomo in aller seiner Herrlichkeit nicht gekleidet gewesen ist wie eine von ihnen." (Matthäus 6,28f.)*

Obwohl sowohl in jüdisch-christlicher als auch islamischer Tradition ein ganzheitlicher Blick auf die Schöpfung durchaus angelegt ist, ist dies für eine religiös begründete Naturethik, in der Pflanzen Selbstwert und Würde zukommt, folgenlos geblieben. Hinduismus, Buddhismus und Jainismus setzen hier deutliche Akzente. Ihre Zuwendung, die zum Teil sicherlich mit der Reinkarnationslehre zusammenhängt, führt zu Respekt und Achtsamkeit auch gegenüber pflanzlichem Leben. Es sind vor allem aber die unterschiedlichen Naturreligionen, die darauf hinweisen, dass auch in Pflanzen etwas Seelenhaftes verborgen ist. Hier gilt alles Leben als heilig, so wie es auch die Lebensethik Albert Schweitzers einfordert. Entfernt sich der Mensch von dieser Einsicht, verliert er schließlich alle Ehrfurcht vor dem Leben. Luther Standing Bear, Häuptling der Lakota, hielt in seinem Werk „Land Of The Spotted Eagle" 1933 fest: „Die Alten wussten, dass das Herz des Menschen fern von der Natur hart wird. Mangelnde Achtung vor dem, was wächst und lebt, führt schnell zu mangelnder Achtung vor dem Menschen."

Der Gedanke von Eigenwert und Würde pflanzlicher Wesen hat mittlerweile auch die Diskussion um den Naturschutz und eine ökologische Ethik erreicht. Eine wachsende Zahl von Biologen, Ökologen, Philosophen und vereinzelt auch Politikern konstatieren die Rechte von Pflanzen, in Rechtsgemeinschaft mit Mensch und Tier. Die Vorstellung vom Einssein allen Lebens liegt hier nicht mehr allzu weit entfernt. Eingriffe in die Natur durch den Menschen schließt dies selbstredend nicht aus. Sie müssen jedoch auf ethisch zu rechtfertigenden Gründen beruhen, wie vor allem der Herstellung und Bewahrung der Menschenrechte. Wobei an dieser Stelle angemerkt werden muss, dass die Orientierung an den Menschenrechten keinen Freibrief darstellen darf für unsere maßlose Vermehrung und zugleich noch immer die Produktion von Überfluss. Über allem steht der universale Grundsatz der Lebensdienlichkeit des Tuns; und das richtet sich immer eben auch auf das Reich der Tiere und der Pflanzen und deren Bedürfnisse.

Noch spricht die menschliche Lebenspraxis eine drastisch andere Sprache. Sie speist sich vorherrschend aus Nützlichkeitsdenken, auch Gier und einem biotechnischen Weltbild. Die Verseuchung der Natur, der Erde, der Gewässer und der Luft, die Versiegelung der Böden, Vernichtung der Wälder, Ausrottung von Pflanzenarten auf der einen Seite und Genpanschereien auf der anderen Seite stehen dafür. Doch die Prozesse des Lebens kennen kein Vergessen. Kein widernatürlicher Eingriff bleibt ohne Folgen. Wenn es schon an Einsicht, Einfühlsamkeit und Demut mangelt, wäre die Menschheit aus reinem Selbsterhaltungstrieb eigentlich gezwungen, der Mitwelt mit größerem Respekt zu begegnen. Mehr spricht jedoch dafür, dass wir das zu spät erkennen und Biodiversität weiter zu Monokulturen verkümmert, die allein noch dem Menschen und seiner Fortpflanzung dienen. Die Erde als Plantage – eine von Tag zu Tag realistischer werdende Dystopie.

# Eine Kultur der Versöhnung

Die Menschheit hat sich die Natur als Konsumware einverleibt. Vielfach ist sie nur noch Mittel für Zwecke des Menschen. Ihr Eigensein, die in jedem Lebewesen an sich ruhende unantastbare Würde, haben wir ihr brutal entrissen. Mittlerweile wissen wir, dass der Mensch sich damit selbst die Lebensgrundlage entzogen hat. Mehr als einige Jahrzehnte werden uns als Gattung in der gegenwärtigen Form und Lebensweise und in der gegenwärtigen Masse nicht mehr auf diesem Planeten bleiben. Gleichwohl strahlt Mutter Erde noch immer eine so einzigartige Schönheit aus.

Trotz aller Unausweichlichkeit des selbstverschuldeten Desasters sollte uns gerade diese verbliebene Erhabenheit und Schönheit eine eindringliche Mahnung, ein Anruf sein, selbst irgendwann in Erhabenheit und Schönheit zu gehen. Zumindest für die nach uns Kommenden gilt es den Weg zu bereiten für eine Kultur der Versöhnung mit dem Leben an sich.

Dafür ist eine innere Haltung unverzichtbar, die alles Leben als heilig anerkennt, auch das, was uns zunächst vom Menschenstandpunkt aus als niedriger erscheinen mag. Schädigung von Leben kann demnach nur gebilligt werden, wenn es als Opfer dem Erhalt anderen Lebens dient – eine Entscheidung, die niemals aus Gedankenlosigkeit, sondern in hoher Verantwortlichkeit und nur von Fall zu Fall zu treffen ist. Dies lehrt uns die Botschaft der Lebensethik Albert Schweitzers. So entfremdet von den naturhaften Lebensprozessen, wie die gegenwärtige Kultur vor sich hinlebt, wird zunächst eine Transzendierung des Gewissens nötig sein und damit eine neue Empfindsamkeit, die das indirekt Lebensschädigende in den alltäglichen Handlungen zu erkennen vermag. Das beginnt beim Gang zur Fleischtheke und dem Verbrauch von Gütern, für deren Herstellung anderes Leben leiden musste. Es führt über alle Formen des Verhaltens und Verbrauchs, die Leben gefährden und ver-nutzen. Es endet bei der maßlosen Vermehrung und Ausdehnung des Menschen auf diesem Planeten und der damit verbundenen Vernichtung von Lebensraum für nicht menschliches Leben.

In entsprechend ausgerichteten ethischen Taten erst wird die „Ehrfurcht vor dem Leben" substantiell. Das Handeln aus Liebe führt in die wahre und tiefe Verbundenheit, von der ein bloß inne-res Empfinden nur unzureichend Kunde geben kann. Doch auch an dieser Stelle sollte im Blick bleiben, dass wir den Schatten der „Selbstentzweiung des Willens zum Lebens", von der Schweitzer spricht, auch durch ein noch so bewusstes Handeln nie ganz wer-den entrinnen können. Und so werden ethischer Anspruch und ethische Praxis keine letzte sittliche Formvollendung erfahren. Es bleibt ein stetes Ringen. Dieses Ringen zu erkennen, es selbstbe-stimmt zu suchen und selbstgewiss im Prozess zu halten, wissend, dass die Verantwortung, die ich trage, im Letzten auf das Ganze ge-richtet ist – schon dies ist Ausdruck eine neuen Menschseins.

Die Suche nach der Tugend um des anderen Lebens und der Veredlung des Ganzen willen, und nicht bloß den des eigenen See-lenheils, bezeugt zweifellos eine außerordentliche Aufrichtung des Menschen. Zugleich weist sie über ihn hinaus, ist der Mensch als Teil des Ganzen doch immer auch Natur und von ihr nicht fremd zu denken. Insofern mag sich in diesem Streben des Menschen Na-tur selbst auf ihrer Reise zur Vollendung ausdrücken. Doch diese Einsicht entbehrt zunächst nicht einer gewissen Ambivalenz. Man könnte in ihr die fortgesetzte und gleichzeitig neuerliche Verein-nahmung der Natur durch den Menschen sehen, nun verbunden mit dem Versuch, sie wiederum in unsere Zielbestimmung einzu-binden. Diese Ambivalenz lässt sich nur auflösen, wenn wir die exis-tentielle Trennung von Mensch und Natur in unserem Bewusstsein und unserer Empfindung auflösen. Die „erhabene Gleichgültigkeit", die nach Rainer Maria Rilke die Beziehung der Natur zum Menschen charakterisiert, ist dann eine Form von zweckfreier Schönheit, derer wir selbst zugehören. Wir leben in und mit ihr, ja wir sind sie in gewissem Maße. Aus dieser Wahrnehmung des Naturhaften als Teil von mir kann und wird sich dann die Empfindung erheben, in der Menschen fühlen, dass sie alles, was sie der Natur antun, sich selbst antun. So mag sich mehr Umsicht, Vorsicht und Rücksicht in uns ausbreiten, so vor allem wächst die Selbstliebe zu einer universalen Liebe. Das jesuanische Gebot, unseren Nächsten zu lieben wie uns selbst, erhält damit eine uns selbst transzendierende Bedeutung. Sie wird zur Signatur des neuen Menschen.

# Wegweiser und Haltungen

# Ehrfurcht

„Wer nicht mehr staunen und in Ehrfurcht versunken stehen kann, ist so gut wie tot", beschrieb Albert Einstein sein Weltbild. Ehrfurcht – ein altes Wort. Und es klingt in unseren Zeiten der Maßlosigkeit, der Gedankenlosigkeit, des zerfließenden Respekts und der Grenzüberschreitungen wie etwas Fremdes aus längst vergangenen Tagen.

Ehrfurcht ist nicht angeboren, wir erwerben sie durch Sozialisation, Erziehung und vor allem dadurch, dass wir uns als Menschen ernst nehmen. Erst mit der Ehrfurcht beginnt das wesenhafte, eigentliche Menschsein, das mehr ist als biologische, vegetative, kognitive und affektive Abläufe. Ehrfurcht kann als Haltung dem Leben gegenüber gesehen werden. Insofern umfasst sie mehr als bloße Bewunderung, Achtung oder auch Scheu. Nicht voneinander trennen lassen sich Ehrfurcht und Demut. Beide verschmelzen in eine Haltung des Respekts, der sich dem, was uns übersteigt, hingibt.

Grundsätzlich vermag Ehrfurcht verschiedene Seinsebenen des Menschen betreffen bzw. durch diese initiiert werden. So kann sie sich auf außergewöhnliche Menschen richten, in denen etwas Größeres zum Ausdruck kommt. Überzeitliche künstlerische Werke, wie etwa die symphonische Musik von Beethoven, vermögen uns in eine Ergriffenheit zu führen, die in Ehrfurcht mündet. Die Erhabenheit der Evolution, die uns mit Naturphänomenen in der Seele berührt, und selbstredend das Werdeprinzip selber, das wir auch als göttlich bezeichnen, rufen das Gefühl der Ehrfurcht hervor. Tiefe spirituelle Erfahrungen können mit ihr verbunden sein, wenn in Achtsamkeit aus den Quellen des Seins geschöpft wird.

In seiner Ethik der „Ehrfurcht vor dem Leben", die Albert Schweitzer vor gut hundert Jahren formulierte, hat er das Verständnis von Ehrfurcht neu erweckt. Und er hat das Verständnis von

Ehrfurcht transzendiert, entgrenzt, indem er Ehrfurcht als Haltung auf das Leben an sich bezog und anmahnte. Ohne diese Haltung der Ehrfurcht, und in der Folge der Demut und Hingabe dem Leben gegenüber, werden wir keinerlei Aussicht haben, diesen wunderbaren Planeten als Lebensquell zu bewahren.

Die Ehrfurcht vor dem Leben ist bzw. müsste die Basis sein für eine Welt, in der sich solidarisches und liebendes Miteinandersein nicht länger auf Zwischenmenschlichkeit beschränken, sondern das Sein an sich umfassen. Was für ein grundlegender, wahrhaft evolutionärer Schritt wäre das! Auch wenn nichts dafür spricht, dass die Menschheit insgesamt aus dem Konjunktiv tritt und diesen Schritt geht – es bleibt für jeden Einzelnen von uns die ultimative Aufforderung, sein Mögliches in diese Richtung zu tun. Um der Liebe und nicht zuletzt der Selbstachtung willen.

## Das Tor zur Wahrheit

Was denn die rechte Wahrheit sei – darüber tobt der Streit, seit es Kultur gibt. Kriege wurden darum geführt, im Namen der Wahrheit Menschen verfolgt, gemartert und getötet. Wahrheit für sich in Anspruch nehmen zu können, verspricht das Höchste, was menschlicher Geist erstreben kann. Es locken Macht und Unantastbarkeit. Keine Ideologie und keine Religion, die meinten, ohne das Wahrheitspostulat auskommen zu können. Auch wenn das Opfer dieser Hybris die Wahrheit selbst war.

Was macht den Umgang mit Wahrheit eigentlich so schwierig? Worauf gilt es sich einzurichten, wenn es ernsthaft um Wahrheit geht? Mit Wahrheit tritt uns der Absolutheitsbegriff schlechthin gegenüber. In sich duldet er keinen Widerspruch. Ihm obliegt das Ganze schlechthin, unabhängig von Zeit und Raum – ähnlich wie

„Gott". Der Mensch als das Bedingte, Relative, Zeitgebundene allerdings kann das Absolute nie vollständig umfassen. Und so mag es *die* Wahrheit geben, aber sie ist uns nicht zugänglich. Wir können uns ihr allerdings nähern, um sie ringen – durch Prüfung und Gegenprüfung, durch Zweifel, Widerspruchstoleranz und Synthese. In einem nicht endenden Prozess. Nennen wir das Wahrhaftigkeit.

In diesem Wahrheits- und Wahrhaftigkeitsprozess halte ich das Andere und das mir Verschlossene aus; riskiere Standpunkte; ertrage den Widerspruch; übe mich in Multiperspektivität und im Loslassen; halte die Vielfalt des mir Begegnenden in der Schwebe, statt voreilig Eindeutigkeiten zu proklamieren. Andernfalls wartet eine als Wahrheit maskierte Dogmatik. Der Weg der Religionen und Theologien ist gepflastert mit solchen unbarmherzigen Illusionen.

Hilfreich im Prozess der Wahrhaftigkeitsspirale ist es, wenn der suchende Mensch es vermag, sich immer wieder in eine Metaperspektive zu begeben – unabhängig von allem, was geschieht. Das meint eine übergeordnete, evolutionäre, ja zeitlose Schau dessen, was wir als Bewegungen auf der Erde wahrnehmen. Es ist ein unverfangener, aus kontemplativer Weltzuwendung geborener Blick. Er stellt die wesenhaften Bezüge und Verflechtungen klar. Und vor allem abstrahiert er auch von mir selbst als einem wahrnehmenden „System", das von Bedürfnissen und Empfindungen geprägt ist. Er fügt sich schlicht in das Größere ein.

Ausfluss dessen, was für Menschen Wahrheit meinen kann, sind die überzeitlichen Weisheiten. In zahlreichen Passagen sind sie im Schrifttum der Weltreligionen formuliert. Dazu gehören insbesondere die Weisheitsschriften der Bibel – das Buch der Weisheit (Weisheit Salomos), Hiob, Jesus Sirach, Kohelet (Prediger Salomo) oder das Buch der Sprüche; im Neuen Testament die Bergpredigt und die Gleichnisse Jesu. Die berühmte Predigt von Benares, die zentrale Lehrrede des Buddha über die vier edlen Wahrheiten, die

Bhagavad Gita im Hinduismus und auch das Tao te King im Taoismus sind weiter zu nennen. Diese Essenzen der Wahrheit begegnen uns auf einer anderen Ebene als „Richtigkeit" oder „Faktizität",
als das wissenschaftlich Verhandelte oder auch das subjektiv als
wahr Empfundene. Sie gelten nicht nur innerhalb des begrenzten
Zeitlichen, sondern dem kosmischen Lauf der Dinge.

Das wesentliche Tor zur Wahrheit liegt im kontemplativen Welt-
zugang. Im Lassen der Gedanken, Erwartungen und Projektionen;
in der Hingabe und unbedingten Offenheit auf dem Weg der Stille.
In der Überwindung des Streits um Wissen und darauf bezogener
Rechthabereien.

*Auf den Atem ausgerichtet, eintauchend in die Tiefe des Einsseins,
wo es keine Trennung und keinen Widerspruch mehr gibt. Hier, in
der Nicht-Zweiheit, bist du mit dem Sein an sich und damit der
Wahrheit verbunden. Du musst nichts sehen, das Mysterium bleibt
in der Wolke des Nichtwissens verborgen. Und doch strahlt dich ein
Glanz der Wahrheit an und zugleich strahlt er aus dir heraus. Du
übst dich in Akzeptanz. Es ist, wie es ist; und was ist, ist von sich
aus wahr.*

So betrachtet, stehen wir immer in der Wahrheit des Seins, ohne sie
umfassend kognitiv zu erkennen und in Worten ausdrücken zu können. Wahrheit berührt als fließendes Licht, nicht aber als in Stein
gemeißeltes Wort. Sie tritt uns als *Jetzt* gegenüber. Und der Mensch
kann gewiss sein, dass das, was ihm begegnet, wahr ist, von innen
her.

# Ahimsa

Durch Mahatma Gandhi wurde auch im westlichen Kulturraum der Begriff *ahimsa* bekannt. Er prägt die Ethik in allen fernöstlichen Religionen. Gandhi übersetzte ihn als *spirit of nonviolence:* Geist des Nichtverletzens. Er gilt gegenüber allem Leben, nicht nur dem des Menschen. Wo wir nicht bereit sind, schwächeres Leben mit unseren Möglichkeiten zu schützen, machen wir uns schuldig. Das Nichtverletzen heute steht allerdings nicht nur im Vorzeichen des Respekts, der Ehrfurcht und der Würde allen Seins, es muss auch der Pflege, der Bewahrung und der Wiederherstellung von Lebensvielfalt dienen. Aus Vielfalt besteht das Wesen der Schöpfung. In Vielfalt will das Kleid von Mutter Erde glänzen.

Doch auch eine entsprechend natur- und lebensverbundene Haltung kann nicht davon ablenken, welche Widersprüchlichkeiten in den Naturprozessen selbst stecken. Natur kennt keine Ethik. In ihr lebt immer auch das, was Albert Schweitzer die „Selbstentzweiung des Willens zum Leben" nannte. Lebewesen leben von Lebewesen. Das entzweit sie und zwingt sie immer wieder zum Töten. Aus dieser Sinnlosigkeit des Sinnhaften gibt es kein Entrinnen. Menschen, das ist ihr Privileg und ihre Verantwortung, können lediglich versuchen, das Leiden zu mindern und sich nicht selbst, etwa um zu töten, auf die Entzweiung der Natur berufen. Nichts rechtfertigt das Töten von Tieren nur um des Genusses willen. Der Mensch muss neben seine Empfindsamkeit die durch Denken erschlossene Ethik stellen.

Doch alles am Leben halten zu wollen, führt in den sicheren Untergang. Die Grenzen des Wachstums und der Ausdehnung gelten universal. Wo diese Grenzen überschritten werden, beginnt die Gewalt der Behauptung und des Überlebenskampfes und zuletzt die der (Selbst-)Ausrottung. Ahimsa also führt immer in die Selbstbeschränkung. Und dies gilt nicht nur für jeden einzelnen Menschen, sondern auch für die Menschheit insgesamt.

Ahimsa sollte aber auch nicht mit Lauheit verwechselt werden. Jedes Dulden von Gewalthaftem und Lebensverachtendem vermehrt das Übel. Der Geist des Nichtverletzens benötigt durchaus die Bereitschaft und Fähigkeit zu kämpfen. Zaghaftigkeit und Selbstzweifel wenden keine Dinge zum Guten. Der „sanfte" Jesus warf im Tempel zornig die Tische der Händler um. Wider alle Etikette ließ er als Zeichen der Liebe und der Nähe die Salbung seiner Füße mit kostbarem Öl durch eine geächtete Frau zu und bekannte sich gegenüber der Empörung der anwesenden Männergesellschaft zu der Handlung dieser Frau und damit zu ihr. Toleranz von Zuständen des Unrechts, der Intoleranz, der Verhärtung und der Verletzungen hat keinerlei ethischen Wert und keinerlei moralische Berechtigung. Im Zweifelsfall ist hier die klare Tat gefordert.

Nichtverletzen bedeutet deshalb, konsequent weitergedacht, radikales Wagnis und eine Entscheidungsqualität, die nur mit der ganzen und einsgewordenen Seele erreicht werden kann. Das eigene Leben kann dafür nicht den letzten Maßstab darstellen. Im Sinne des Ganzen gibt es Wertvolleres – vor allem die große Vision einer versöhnten Schöpfung.

## Die heilende Kraft der Kommunikation

Nur zu oft unterschätzt, liegt in der Kommunikation der Heilungsweg für nahezu alles. Das kann nicht verwundern, ist der Mensch doch Kommunikation, gleich auch, was er tut und nicht tut. Diese Weise unseres Seins, dem Leben zu begegnen und es zu gestalten, prägt letztendlich auch das Antlitz der Erde: was wir denken, als innere Kommunikation mit uns selbst und unserem Bewusstsein; wie es uns gelingt, auf das Leben der Natur und der Elemente zu hören und uns dann angemessen zu verhalten; wie wir auf den Mitmenschen zugehen und welche Gedanken dem Aussprechen, der Mimik und der Gestik und unserer gesamten Haltung vorausgehen; in welchem inneren Dialog wir mit der geistigen und göttlichen Welt stehen; wie wir es vermögen, der Stille in uns Raum zu geben und damit auch dem, was uns aus der „Anderswelt" berühren will ...

Zwischenmenschliche Kommunikation, die aus Gedanken des Hasses, des Vorurteils und der Abgrenzung hervorgeht, vertieft Gräben zwischen den Menschen und reißt neue auf. Es ist die Vorstufe von Krieg auf seinen unterschiedlichsten Ebenen, manchmal bereits selbst Krieg. Fehlende Einfühlsamkeit in das Wohl und Wehe anderer Menschen und mangelnde Bereitschaft, immer wieder den ersten Schritt zueinander hin zu tun, lässt in Gleichgültigkeit und Einsamkeit erstarren. Verweigerung von Kommunikation gegenüber den Stimmen und Regungen der Natur führt in seelische Kälte und befördert die alltäglichen Vernichtungsfeldzüge. Ein fehlender dialogischer Zugang zu uns selbst mündet im schlimmsten Fall in Selbstentfremdung, ja einer dissoziativen Störung. Ignoranz gegenüber der geistigen Welt versagt mir den Zugang zu meiner eigenen Tiefe.

Die wesentliche Bedeutung von Kommunikation besteht darin, Gemeinschaft herzustellen, zu bewahren und zu pflegen. Sie lebt von der entsprechenden Intention, um die ein Mensch sich müht und der er Ausdruck geben möchte. So auch erst finden dann in der Weise des Kommunizierens jede innere Haltung, jede Tugend und jedes Ethos ihre reinste Gestalt.

Leben in diesem Sinne kann als eine Schule der Kommunikation verstanden werden. Achtsamkeit und feinsinnige Bewusstheit nach innen und nach außen bilden ihre Schlüsselkoordinaten. Denn das, was wir als Wirklichkeit bezeichnen, ist doch immer mehrdimensional, mehrdeutig und hochkomplex. Einfache Weltbilder, die daraus resultieren, es sich zu einfach zu machen, verbieten sich. Allein im Umgang mit anderen Menschen begegnen wir in nahezu jeder Situation vielfältigsten Wertvorstellungen und Beurteilungsmaßstäben. Sollen dann Missverständnisse und Krisen vermieden werden, kommen wir an einer in Tiefe verstehenden Zuwendung nicht vorbei. Dies bedeutet zugleich, unsere Beobachtungen innerhalb der Koordinaten von Raum und Zeit einzuordnen, von Bewertungen zu trennen und den „Dingen" ihr Eigensein zuzugestehen. Zeugenschaft statt Deutungshoheit lautet die Maxime.

Um wie viel anspruchsvoller stellt sich diese Herausforderung hinsichtlich unserer natürlichen Mitwelt dar, fehlt hier doch die unmittelbar verbindende Gemeinsamkeit eines entwickelten Austauschs. Und was wissen wir denn wirklich von der Welt, von der Sprache und dem Bewusstsein des nicht menschlichen Lebens. Man denke etwa an die erdumspannenden morphogenetischen Felder der unterschiedlichsten Lebensformen und Gattungen, auf die der britische Biologe Rupert Sheldrake seit Jahrzehnten in seinen Studien hinweist ...

Deshalb sind hier umso mehr das Hören gefordert und das Spüren. Hineinspüren in die Ausdrucksweisen und Bedürfnisse der Bäume, der Vögel, der sogenannten Nutztiere; hineinspüren in den Klang der Elemente; den Hauch der Stille und das Schweigen von Gott. Solche Kommunikation hat unermesslich viel von Hingabe an die Äußerungen und Entäußerungen des Lebens in seiner noch immer großartigen Vielfalt.

## Den Widerspruch aushalten

Der Widerspruch bewegt die geistige und kulturelle Evolution. Das, was wir Wirklichkeit nennen, stellt sich in der Folge als unsicher, nicht eindeutig und unberechenbar dar.

Täglich machen wir Menschen die Erfahrung, dass es so gut wie keine Aussage und keinen Satz gibt, die nicht ihr Gegenteil, ihren Widerspruch in sich tragen. Wenn wir nach Wahrheit streben, kann dies deshalb nichts anderes meinen als zu lernen, Widersprüche als Teil und aufgehoben in einer Wirklichkeit zu sehen, die größer ist als die unserer eigenen Weltbildkonstruktion. Voreiliges Streben nach Eindeutigkeit führt demgegenüber zu Vereinfachungen, Blindheiten und schablonenhaftem Denken. Wirkliche Suche nach Antworten – das heißt zu lernen, Dinge in der Schwebe zu halten und genau darin ein hohes Gut zu sehen. Denn so bleibt die Vielfalt im Spiel und damit etwas, das den Reichtum des Lebens und der Kultur ausmacht.

Widerspruchstoleranz hält aus. Sie erträgt das, was sich Eindeutigkeiten entgegenstellt, und sie nimmt die damit möglicherweise verbundenen Irritationen oder Schmerzen hin. Ich respektiere im Gespräch mit anderen Menschen, dass es hinsichtlich derselben Frage oft unvereinbare und doch jeweils in sich stimmige „Wahrheiten" geben kann. Was für die verschiedenen Glaubenssysteme von Religionen oder die Programme von Parteien bzw. weltanschaulichen Organisationen weitgehend selbstverständlich und anerkannt scheint, stellt sich auf der Beziehungsebene von Menschen aber oft umso schwieriger, ja nicht selten dramatisch dar. Doch gerade dann sollte gesehen werden, dass in der Widerspruchstoleranz mehr liegt als ein lediglich passives Tolerieren. Nicht vorschnell Klarheiten zu behaupten darf selbstredend der aktiven Auseinandersetzung mit Unterschieden und Differenzen nicht entgegenstehen. Im Gegenteil! Entscheidend ist die Weise des Ringens und des Klärens und damit verbunden die Bereitschaft aller Beteiligten, ihre Standpunkte zu riskieren. Wir sprechen hier von einer Selbstsicherheit, die sich im Loslassen findet und bestätigt. Sie sieht sich getragen in einem nie endenden Lern- und Erneuerungsprozess.

## Der Fels

Marc Aurel, Philosoph und römischer Kaiser im zweiten Jahrhundert nach Christus, riet in seinen „Selbstbetrachtungen" dem Menschen: „ Sei wie ein Fels, an dem sich beständig die Wellen brechen: Er steht fest und dämpft die Wut der ihn umbrausenden Wogen."

Je unruhiger die Zeiten, je stärker das Zerfließen sogenannter Gewissheiten und Sicherheiten ist, desto bedeutender sind Institutionen und Menschen, die für Beständigkeit stehen und diese ausstrahlen. Eine gelassene Unerschütterlichkeit durchsteht all jene kulturellen und gesellschaftlichen Strömungen, die lärmend auf sich aufmerksam machen, große Wirbel verursachen, nur um dann der nächsten sich aufbauschenden Welle zu weichen.

Auch wenn der Mensch kein Fels sein kann und nicht für dessen schroffe Härte stehen sollte: Es braucht eine felsenhafte Grundhaltung, eine in sich ruhende Klarheit in wankelmütigen Zeiten. Besonders, wenn das Ethos des Lebens zur Disposition steht, ist solches gefordert. Dann heißt es, lebensdienlich zu denken, zu argumentieren und vor allem zu handeln – ohne dabei den Prozessen von Werden, Wandel und Vergehen den Respekt zu versagen.

In einer sich zerstörenden und die Menschen zutiefst verstörenden Welt ist es der Fels in uns, der Ruhe bewahrt und den Überblick. Dabei geht es nicht um den Anspruch von Wahrheit, sondern den einer überzeitlichen Gewissheit. Sie bewahrt, was auch geschehe, den Blick auf das Umfassende und Absolute des Seins, ohne dabei die Empathie mit dem gegenwärtig sich Vollziehenden aufzugeben. Klärung durch Distanz bei gleichzeitiger Eingebundenheit sollten sich nicht ausschließen.

Der Fels, von dem wir hier sprechen, ist einer der Mentalität. Und deshalb versagt sich Unerschütterlichkeit nicht der Berührung, ja der Erschütterung durch das Leid der Welt. Klarheit sowie Liebe haben sich noch nie ausgeschlossen. Ganz im Gegenteil. Sie brauchen einander – wenn Klarheit nicht eiskalt und Liebe nicht rein sentimental sein will.

Wie aber findet sich diese Unerschütterlichkeit? Selten fällt sie dem Menschen einfach zu. Und Lebenserfahrung alleine reicht nur im Vorraum existentiellen Geschehens. Wenn an dem Fundament des Seins gerührt wird, braucht unsere Orientierung innere Weite. Diese öffnet sich aus einer transzendenten Dimension. Mögen die einzelnen Dinge auch nicht vorherbestimmt sein, so folgen sie doch einem evolutionären Gesetz, einem kosmischen Plan. Darin gilt das Prinzip des Gleichgewichts, der Balance. Schaffen Dissonanzen, Irritationen oder Katastrophen ein Ungleichgewicht, reagieren die Grundsätze von Resonanz und Harmonie. Aus menschlicher Sicht mag sich das dann durchaus schmerzhaft, ja vielleicht sogar desaströs anfühlen. Denn es löst die alten Gleichgewichte und entsprechenden „Sicherheiten" auf und formt neue, mit angepassten inneren Gesetzmäßigkeiten und veränderten Beziehungsmustern und Vernetzungen.

Evolutionäres Geschehen und auch kulturelle Entwicklung können als eine Art Organismus betrachtet werden. Dieser folgt keiner anderen Anforderung, als Gleichgewicht und Harmonie sicher- bzw. auf neuem Niveau immer wieder herzustellen. Dies zu erkennen und es handlungs- und verhaltensorientiert in das eigene

Leben zu transformieren, meint in der alten Sprache der Tugenden *Klugheit*.

Das Felsenhafte im Menschen dient der konvivialen Gestaltung der Welt, ohne ihr Sklave zu werden und ohne hinter das einmal als richtig Erkannte, sei es aus Opportunismus, sei es aus Feigheit, wieder zurückzufallen. Es umschreibt so die kardinale Tugend der *Tapferkeit*. Das Felsenhafte wirkt nach zwei Seiten. Den Mitmenschen signalisiert es Klarheit, Orientierung und Verlässlichkeit. Uns selber schenkt es Halt und ein letztes Vertrauen, selbst wenn das Leben gerade zum Weinen ist.

## Die heilende Kraft der Resignation

Ohnmächtig richtet sich heute der Blick auf ein Weltgeschehen, das fremd und unbegreiflich scheint und dessen man gleichzeitig teilhaftig ist. Resignation breitet sich aus. Sie stellt vor die Wahl: Entweder man lässt zu, dass die Lebensfreude entscheidend getrübt, das Selbstwertgefühl dauerhaft geschwächt und damit die Tatkraft neutralisiert wird. Oder das heilende Potential, das in der Resignation ruht, tritt in den Vordergrund.

Das Feldzeichen *(signum)* gab in Kriegen des Römischen Reiches den Truppen ihre Identität. Wurde es gesenkt, so stand dies für Kapitulation *(resignare)*. Wesentlich geht unser heutiges Verständnis von Resignation darauf zurück. Als *resignare* bezeichnete man aber auch das Zurückziehen der Signatur, mit der Dokumente unterzeichnet wurden. Die christliche Mystik schließlich, etwa bei Thomas von Kempen (1380–1471), sieht in *resignatio* die Ergebung des eigenen Willens in den Willen Gottes hinein. Vielleicht lässt sich in diesem Sinne zusammenfassend sagen, dass Resignation einen Schritt des Bewusstseins markiert, sich in das Unabwendbare zu fügen, unerreichbare Ziele und permanent vor Wände laufende Bemühungen aufzugeben; sie in sich aufzugeben, ohne sich dabei Gewalt anzutun; auch wenn melancholische bis depressive Begleiterscheinungen an der Wegstrecke liegen.

Ähnlich der Ohnmacht und vergleichbar mit der Erfahrung des Scheiterns unterliegt die Resignation in unserer Kultur einer eher negativen Deutung. Leicht wird sie einem Menschen als Schwäche ausgelegt, als fehlendes Durchhaltevermögen, eingeschränkte Entschlusskraft. Man mag das durchaus nachvollziehen, wenn Machbarkeit und Erfolg im politischen, ökonomischen, militärischen und kulturellen Fokus stehen. Es sei denn, das Bewusstsein weitet sich und findet einen anderen Akzent. In besonderer Weise ist dies Albert Schweitzer gelungen. In „Ehrfurcht vor den Tieren" schreibt er über die Resignation: „Wahre Resignation besteht darin, dass der Mensch in seinem Unterworfensein unter das Weltgeschehen zur innerlichen Freiheit von den Schicksalen, die das Äußere seines Daseins ausmachen, hindurchdringt. Innerliche Freiheit will heißen, dass er die Kraft findet, mit allem Schweren in der Art fertig zu werden, dass er dadurch vertieft, verinnerlicht, geläutert, still und friedvoll wird. Resignation ist also die geistige und ethische Bejahung des eigenen Daseins. Nur der Mensch, der durch Resignation hindurchgegangen ist, ist der Weltbejahung fähig."

Der große Menschheitslehrer spricht sich damit nicht gegen notwendige Veränderungen aus. Im Gegenteil. Resignation und die damit verbundene Beruhigung und Besinnung führen nach seiner Überzeugung in einen völlig neuen Realitätssinn hinsichtlich unserer wahren Möglichkeiten. Die erlittene und schließlich erlangte Befreiung von so manchen Schicksalswendungen des Lebens rückt in das Herz der Wahrnehmung. Wir könnten gar davon sprechen, in ein Freisein von der Welt gehoben zu sein, ohne sich dabei von ihr zu distanzieren, sie grundsätzlich abzulehnen oder zu verleugnen.

Die Lebensanschauung begibt sich in einen Wandel. Eine übergeordnete, ja transzendente Akzeptanz des Seins bildet sich, gerade auch ob dessen bleibender Unergründlichkeit und auch Sinnferne. Ein Mensch lernt, sich dem hinzugeben, ohne sich aufzugeben. Er lässt jene heilsame „Passivität" zu, die sich mit den gegebenen Möglichkeiten und Unmöglichkeiten bescheidet. Und dazu gehört, das, was wir selber nicht stemmen, tragen und ertragen können, zu übergeben; es freizugeben in einen Raum hinein, der höher ist als die menschliche Vernunft.

Solche Resignation lässt durchatmen. Sie schenkt Erholung in einer zerrissenen und verstrickten Welt. Anderes als infrage gestellte Weltanschauungen und zerbrochene Lebenspläne taucht im Blickfeld auf. Ein Sein, das bejaht und geliebt sein will, ruft. Im zweiten Band seiner „Kulturphilosophie" hält Albert Schweitzer fest: „Resignation ist die Halle, durch die wir in die Ethik eintreten. Nur der, der in vertiefter Hingebung an den eigenen Willen zum Leben innerliche Freiheit von den Ereignissen erfährt, ist fähig, sich in tiefer und stetiger Weise anderem Leben hinzugeben."

Ohne Resignation hinsichtlich der Denk-, Empfindungs- und Handlungsweisen des Alten wird es keine mit sich selbst und dem Leben versöhnte und friedliche Welt geben können. Das Scheitern, in dem wir in dieser Menschheitsepoche bereits begonnen haben zu leben und dessen drastische Auswirkungen noch vor uns liegen, hat das Potential, uns dieses zu lehren. Die alleinige Sehnsucht nach Harmonie und Friedfertigkeit reichen nicht mehr. Sie hat noch nie gereicht!

Und so hat der Talweg der Menschheit begonnen. An seinem Ende wird der Aggressor in uns das Feldzeichen der Hybris, das dem Krieg gegen das Leben vorausgetragen worden war, senken. Einen Weg zurück gibt es nicht. Und die Felswand vor uns wird sich erst öffnen, wenn wir uns in tiefe Resignation und gleichzeitige

Herzenseinsicht ergeben haben. Dann kann der verlorene Sohn, das gescheiterte Erdenkind, aufstehen und den Staub seiner Geschichte abschütteln.

## Verunsicherung und Halt

Sie hat viele Facetten. Auf ihrem Streifzug durch das Gegenwärtige berührt sie nicht nur einzelne Menschen und Menschengruppen. Institutionen, Staaten und Kulturen sind infiziert. Manchmal scheint es gar, dass die Menschheit als Ganzes von ihr betroffen ist: Verunsicherung liegt wie ein Schleier über den individuellen und kollektiven Bewusstseinsfeldern.

Wer Verunsicherung feststellt, muss allerdings Vorstellungen von Sicherheit in sich tragen. Ansonsten ließe sich das Defizit nicht reklamieren. Und mit den Illusionen von Sicherheit beginnt das Problem. Mehr Binsenwahrheit kann wahrlich nicht formuliert werden, als die Feststellung zu pflegen, dass es Sicherheit nicht gibt, allenfalls eine fragile Beständigkeit auf Zeit, die abhängig ist von nur selten beeinflussbaren äußeren Koordinaten.

Die Felder, in denen sich das Unsicherheit Genannte ausbreitet, sind zum einen gesellschaftlicher Natur. Politik, Ökonomie, Ökologie, Kultur und Religion gehören dazu. Was den jeweiligen Bereich bzw. die jeweilige Struktur betrifft, beziehen sie in der Folge den einzelnen Menschen, der diesen zugehörig ist, mit ein. Verunsicherung der Börsen betrifft Unternehmen, Banken und letztlich die Bürger. Kirche, die mit einer substantiellen Identitätskrise ringt, raubt einzelnen Gläubigen den Halt. Politik, die der grassierenden Krisen nicht Herr wird, verliert das Vertrauen der Menschen. Eine mediale Berichterstattung, die wesentlich geprägt ist von Katastrophenorientierung, Kritik, Infragestellungen und

Bevormundung – wie sich das in den Zeiten der Corona-Pandemie deutlich zeigte – verstärkt entsprechend die systemisch bedingte Verunsicherung.

Natürlich spielen auch rein subjektive Faktoren eine Rolle. Sie mögen mit gesundheitlichen Problemen, Fragen der finanziellen Bewältigung des Lebens, spirituellen Krisen, einem Vertrauensbruch durch einen nahen Menschen, einer Störung des Selbstwertgefühls oder auch einem Verlust von emotionaler Bindung und dem damit verbundenen Geborgenheitsgefühl zusammenhängen. Als kurze Lebensepisode, wie sie wohl jeder Mensch durchläuft, geht Verunsicherung mit psychischem Druck und Stress einher. Diese legen sich normalerweise, wenn ihnen eine nüchterne Ursachenanalyse und entsprechende Anpassungsleistungen bzw. Bewältigungsstrategien folgen. In existentielle Verunsicherung zu geraten, kann allerdings bedeuten, Orientierung und Halt zu verlieren, die eigene Mitte nicht mehr zu spüren und sich in Reaktionen wiederzufinden, die der Persönlichkeit eigentlich nicht gemäß sind. Das kann bis zur Anwendung von Gewalt führen; sich selbst oder anderen gegenüber. Aber auch sozialer Rückzug und im Schlimmsten der Fall aus der eigenen Biographie liegen im Bereich des nicht Unwahrscheinlichen.

Die Feststellung, dass Anhaften im Außen ein Treiber für Instabilität im Innenleben ist, will nicht als Aufforderung zum Marsch in die innere Emigration verstanden werden. Natürlich bestimmt das sogenannte Äußere in nahezu all seinen Facetten unser Leben wesentlich mit, weil wir allein schon physisch darauf angewiesen sind. Entscheidend scheint dabei jedoch die Weise, wie wir darauf schauen und wie es uns gelingt, eine letzte innere Distanz zu bewahren. In dem Zwischenraum, den diese schafft, können Menschen ihre Gefühle klären und sich ihrer eigenen Normen und Werthaltungen versichern, wenn kollektiv Gültiges zu erodieren droht.

An sich ist Verunsicherung nicht nur unvermeidbar, sondern auch heilsam und korrigierend. Ähnlich wie Scheitern, empfundene Ohnmacht und Resignation holt sie aus zentralen Lebensillusionen. Sie will in wachem Bewusstsein durchlebt werden. Dann rückt sie die Verhältnisse zurecht, wirft Fragen auf, wendet sich möglichen Schlussfolgerungen und Konsequenzen zu. Sie sendet Korrekturzeichen für das eigene Leben und die kulturelle Orientierung. So entfaltet sie in der Folge manches aktivierende Potential. Voraussetzung für diese konstruktive Bedeutung ist allerdings, dass der Mensch das Fundament seiner Binnenstabilität wahrt, sich dessen gewiss ist und darin ruht. Immer wieder neu will das in kontemplativer Besinnung und überzeitlicher Gelassenheit errungen sein. Dies lehrt mich auch zu verstehen, dass ich in wesensgemäße Identifikation nicht über das außengesteuerte Ich, sondern über das größere Selbst geführt werde. Nur in diesem und damit im Bewusstsein einer universalen Verbundenheit ist sie auch zu bewahren.

Die wesensgemäße und nicht fremdgesteuerte Identifikation spendet Halt und hält handlungsfähig in unsicherer oder als unsicher empfundener Zeit. Die äußeren Dinge verlieren ihren existentiellen Schrecken, selbst wenn sie einschneidend in die Abläufe des Lebens eingreifen können. Mit dem größeren Selbst verbunden, schaut der Mensch souveräner auf die Bewegungen und auch die Verfangenheiten der Welt. Das löst diese nicht auf. Aber es stellt sie ins Verhältnis und lässt beständig die eigene Verankerung in jener inneren Heimat spüren, die von außen nicht zerstört werden kann.

Wird Selbstreflexion so zur SELBST-Reflexion, lösen sich manche Tunnelblickweisen, entsprechende Wahrnehmungsstörungen und darauf zurückzuführende überzogene Fokussierungen auf. Das bewahrt davor, einer mit Verunsicherung oft verbundenen Überschätzung von Risiken und Bedrohungen zu erliegen. Es nimmt damit auch jener massenmedialen Agenda die Macht, die genau in Richtung dieser Überschätzung zielt, die die Aufmerksamkeit von Menschen und Menschengruppen entsprechend zu steuern sucht und darauf ihr Geschäftsmodell und in der Folge auch populistischen Erfolg gründet.

## Wegweisende Furcht

Hans Jonas (1903–1993) verdanken wir die umfassendste Ethik der technischen Zivilisation. Er gab ihr den Namen „Das Prinzip Verantwortung" (1979). Schon in den Jahren und Jahrzehnten, in denen er lehrte und schrieb, sah er die Bedrohungen, die uns gegenwärtig umgeben, in großer Klarheit voraus – einschließlich der Selbstgefährdung unserer Gattung und der unzähliger Arten auf diesem Planeten. Und so formulierte er den kategorischen Imperativ von Immanuel Kant– „Handle nur nach derjenigen Maxime, durch die du zugleich wollen kannst, dass sie ein allgemeines Gesetz werde" – in den ökologischen Imperativ um: „Handle so, dass die Wirkungen deiner Handlung verträglich sind mit der Permanenz echten menschlichen Lebens auf Erden."

Es steht uns danach nicht zu, das Sein des zukünftigen Lebens nur aufgrund unserer eigenen Lebensweise infrage zu stellen oder zu gefährden. Zwar darfst du dein eigenes Leben durch dein Verhalten riskieren, niemals aber direkt oder indirekt das der Menschheit. Damit wir das nicht nur als einzelne Menschen, sondern auch als Staaten hinbekommen, gilt es allerdings die eigenmächtige Entwicklungsdynamik und „Treibtendenz" der modernen Technologien und entsprechender Denkformen in den Griff zu bekommen. Dafür entwickelte der Verantwortungsethiker Jonas eine Richtschnur, die er „Heuristik der Furcht" nannte. Unter „Heuristik" versteht man eine Form – oder besser: eine Kunst– des Findens. Es geht hierbei um Regeln und Verfahren, die systematisch zu einer Problemlösung führen können. Die „Heuristik der Furcht" nun lehrt uns, technische Entwicklungen und Anwendungen in großem Maßstab so lange zu unterlassen, bis wir Aufschluss über deren mögliche direkte Folgen und über die Fernwirkungen haben. Dahinter steht die Einsicht, dass wir vor allem über die langfristigen Konsequenzen von neuen technischen Prozessen so gut wie nichts wissen, da keine Erfahrungen vorliegen.

Eine Heuristik der Furcht ist entsprechend geleitet von dem Grundsatz, immer zunächst das begründet schlimmstmöglich Denkbare anzunehmen, um zu einer Beurteilung zu kommen. Es gilt der Vorrang der schlechten vor der guten Prognose. Anders formuliert: Was steht auf dem Spiel? Zunächst geht es darum, die denkbaren Konsequenzen zu reflektieren, statt blind voranzueilen. Ein Innehalten und gesellschaftliche Diskurse sind gefordert, statt unwiderrufliche Fakten zu schaffen. So kann eine Kultur lernen zu verstehen, ob sie etwas will, ob sie etwas nicht will, ob sie es möglicherweise anders will oder ob sie gar auf eine grundlegend andere, ggf. auch nicht technische Orientierung setzt.

Dieses Denken verbindet asketische Ideale mit einer Weisungsfunktion, die aus begründeter Sorge kommt. Es setzt darauf, dass Menschen, um des Ganzen willen, bereit sind zur Genügsamkeit und zum Verzicht. Vor allem aber werden sie ermahnt, aus bloßen Augenblicksempfindungen, trügerischen Heilsversprechen und gedankenlosen Besänftigungen mit Blick auf die zeitliche Ferne herauszutreten. Es gilt somit, von der Lebens- und Überlebensperspektive der kommenden Generationen her zu denken, zu empfinden und entsprechend entschlossen zu handeln oder auch zu unterlassen. Empathie will in diesem Prozess aus der engen, persönlichen Gemütsfalle befreit und räumlich sowie zeitlich entgrenzt werden. So kann sich schließlich die sogenannte Nächstenliebe hin zur Fernenliebe erweitern.

## Angst und Wandel

Das Gegenwärtige konfrontiert mit diffuser Gleichzeitigkeit verschiedenster existentieller Bedrohungslagen. Krieg; gewandelte klimatische Bedingungen, die das vertraute, ausgewogene jahreszeitliche Spiel der Wetterwechsel außer Kraft setzen; das Verschwinden von Lebensformen, die dem Planeten seine Anmut und seinen Zauber gaben.

Neben Erschütterung und Unsicherheit bringt dies auch Angst hervor. Menschen sehen sich ob so mancher Infragestellungen auch mit ihren eigenen Lebensentwürfen infrage gestellt. Sie spüren das beginnende Verwehen dessen, was angesichts so langer Gewöhnung vertraut wurde und Sicherheit zu geben schien. Lassen sie diese Angst vielleicht auch nicht hinsichtlich ihres eigenen Lebens an sich heran, so doch für jene, die sie lieben und sich in Verantwortung fühlen – vor allem für die Kinder und Enkel und deren Zukunft.

Angst lähmt. Sie sucht die feste und vermeintlich unvergängliche Form; sie setzt jene Gelassenheit und Überblicksruhe außer Kraft, die wir gerade in Zeiten benötigen, in denen etwas auf uns zudrängt, das wir als Schrecken und Verhängnis identifizieren. Dann kann Angst erst recht zum Opfer machen. Narkotisiert sie doch jene Erkenntniskraft, die trotz aller Bedrängnis das Ursächliche dafür und die eigenen Anteile daran durchscheinen lassen will. Sie verklebt den Zugang zu einer evolutionären Perspektive, die sich der Verfangenheit im Labyrinth des Gegenwärtigen entgegenstellt.

Was sich einigermaßen absehbar in naher Zukunft ereignen wird, trägt alles in sich, um die Welt für viele Jahrzehnte, ja Generationen zu prägen. Da ist dann anderes ist gefordert, als die Hoffnung auf einen Bestand oder die Renaissance sogenannter Normalität zu setzen. Nur denjenigen wird Zukunft ein Licht sein, die im Umbruch, auch in Chaos und Zerfall ihre Visionskraft ganz auf das Neue richten und darin die Konturen einer grundlegend sich wandelnden Welt erkennen. Und die beginnen alles zu tun, diese Welt zu ermöglichen.

Was für ein Wert liegt denn etwa darin, aus Angst vor Veränderung weiterhin ein politisches und ökonomisches Denken zu akzeptieren und zu respektieren, das die rasende Zerstörung der Welt nicht nur billigend in Kauf nimmt, sondern das auch noch als „Fortschritt" und „Erfolg" feiert? Das Virus von Machtansprüchen und Ausübung von Macht scheint, in Verbindung mit der normativen Kraft des Faktischen und des Gewohnten, jedes Immunsystem politischer Redlichkeit und Fürsorge zu durchdringen.

An dieser Stelle kultureller Irritation kommt wieder die Angst der Menschen ins Spiel. Sie klammert sich an vorgebliche Sicherheiten, dämpft visionäre Vorstellungskraft und leistet so ihren Beitrag, eine vernichtende Wirtschaftsweise künstlich am Leben zu erhalten. Was wäre das für eine Energie, wenn Menschen jeden Alters und jedes Status sich ohne Wenn und Aber in ihrem Alltagshandeln in der Vision für eine lebenswerte Erde zusammenfinden würden. Dieser Menschheitstraum liegt doch vor uns wie ein offenes Buch! Und er wird genährt durch die Sehnsucht nach einer Welt, die auf Heilung wartet.

Neben ihrer lähmenden Seite hat sich ausbreitende Angst jedoch auch etwas Prophetisches. Sie kann als Anzeichen und Vorbote dafür gesehen werden, dass eine bestimmte Entwicklungsstufe begonnen hat, ihre Kraft einzubüßen. Sie wird dann zum Indikator für sich anstauende Energien, die am Kulminationspunkt der Verunsicherung ihren Beitrag leisten werden, neue Wege zu zeigen und sie freizulegen. Angst in diesem Sinne geht treu und verlässlich mit auf dem Weg des Werdens. Und so lange wir uns von ihr nicht in Bann zwingen lassen oder sie uns im Urvertrauen und Zukunftsvertrauen dramatisch mindert, kommt ihr als ein besonderes Auge der Erkenntnis potentiell sogar eine heilende Kraft zu.

Manchmal will Angst, auch wenn wir ihr eine im Letzten unüberwindbare Selbstverständlichkeit attestieren müssen, „einfach" nur genau angeschaut und vor sich selbst und manchmal auch vor anderen offen angesprochen werden. Bereits das führt sie in eine Wandlung. Erst wenn wir sie in ihrem Anliegen verstanden haben, ihr also auch Respekt entgegenbringen, lässt sie sich mit einer Blickweise konfrontieren, die auf Beruhigung und innere Öffnung zielt. Dann vermag der Mensch sich aus ihrer Düsternis einem Licht zuzuwenden, wie es etwa aus der Hymne „Patmos" von Hölderlin strahlt:

*„Wo aber Gefahr ist, wächst*
*Das Rettende auch."*

Solcher Sonne ins Gesicht zu schauen, hält die Schatten hinter uns. Das stiftet Aufbruch nicht nur für uns als Personen. Es ist die Basis dafür, dass zur rechten Zeit eine neue Weltordnung entstehen kann. In der Mischung aus tätiger Hoffnung, Liebe zum Leben und einem tiefen Vertrauen in die sichtbaren und unsichtbaren Kräfte der sichtbaren und unsichtbaren Welt.

## Der Sündenbock

In der Sündenbocksymbolik und im Sündenbockritual haben Gemeinschaften und Kulturen einen Weg gefunden, um kollektive

Unzufriedenheit und Gewaltbereitschaft zu disziplinieren. Das biblische Buch Levitikus schildert die Entstehungsgeschichte dieses Rituals, das am Tag der Sündenvergebung, Jom Kippur, das Volk Israel symbolisch von seiner Schuld befreit. Gott weist Mose an, wie das Ritual zu vollziehen ist: Neben zwei Opfertieren für ein Sünd- und für ein Brandopfer soll zu Aaron ein lebender Bock gebracht werden: „Aaron soll seine beiden Hände auf den Kopf des lebenden Bockes legen und über ihm alle Sünden der Israeliten, alle ihre Frevel und alle ihre Fehler bekennen. Nachdem er sie so auf den Kopf des Bockes geladen hat, soll er ihn durch einen bereitstehenden Mann in die Wüste treiben lassen, und der Bock soll alle ihre Sünden mit sich in die Einöde tragen" (Levitikus 16,20–22). Der Bock, der zu dem bösen Wüstendämon Asasel gejagt wird, entlastet nicht nur das Volk Israel, er ermöglicht der Gemeinschaft, gereinigt und versöhnt wieder zusammenzukommen.

Übertragen soll der Sündenbock also den Menschen von seinen dunklen Anteilen und dadurch hervorgerufener Schuld befreien. Er dient aber auch zur Stigmatisierung, Verdrängung oder gar Verneinung: Was nicht in Übereinstimmung mit meinem Selbstbild als Person und als Kultur steht, wird auf ein Anderes projiziert und diesem angelastet. So werden Menschen zum Sündenbock gemacht, indem man sie mit dem Dunklen und Bösen gleichsetzt. Man klagt sie an und verbannt sie aus der Gemeinschaft. Den anderen Angehörigen des Kollektivs schenkt das ein Gefühl der Unschuld und der Versöhnung mit einem unerwünschten Zustand.

Das Sühneopfer, das die Sündenböcke in der Geschichte zu (er-) tragen hatten, besänftigt eine mit sich im Unreinen lebende Gemeinschaft. Die Parole „Alle gegen einen" schafft als satanisches Gegengift Ruhe in der aufgewühlten Volksseele. Sie verhindert, dass kollektivinterne Rivalitäten und Missstände die Erosion der Gemeinschaft vorantreiben. Ob die zum Sündenbock bestimmten

Menschen oder Gruppen wirklich Schuld tragen, gerät dabei zur Nebensache. Und Anlässe, in denen Kollektivhass sich auf ein Opfer richtet, lassen sich leicht, oft in Nebensächlichkeiten finden oder konstruieren. An die Stelle von Menschen oder Menschengruppen können als Projektionsfläche zunächst auch politische, ideologische oder religiöse Feindbilder treten, bis sich diese in gesellschaftlichen Krisensituationen in Personen gleichsam verkörpern.

Die reinigende Funktion des Sündenbocks ist in der Geschichte nicht selten umgeschlagen. Der auserwählte Mensch, der die Gemeinschaft durch sein Opfer zu einem neuen Zusammenhalt geführt hat, mutiert zum Heilsbringer. Auf ihn werden nun die Hoffnungen projiziert. Die Lynchjustiz, der Mord an einem Menschen wird damit zum Grundstein einer neuen Kultur. Sie orientiert sich an der Lichtgestalt eines unschuldigen Opfers ungezügelten Hasses. Das spricht Jesus im Gleichnis von den bösen Winzern und in Anspielung auf seinen eigenen Weg an, wenn er Psalm 118, Vers 22, zitiert: „Der Stein, den die Bauleute verworfen haben, er ist zum Eckstein geworden" (Matthäus 21,42). Das Kollektiv reinigt sich durch diese Überhöhung des Opfers selbst von der in Verfolgung und Tötung aufgehäuften Schuld.

So leistet der Sündenbock ein Doppeltes: Er entlastet von Unzufriedenheit, Schuld und Schuldgefühlen, und er wird in der Folge zugleich zur Projektionsfläche für die Sehnsucht nach dem Heil.

## Abseits des Lichts – Über das Wesen des Bösen I

Durch alle Epochen hindurch haben Menschen und ganze Völker die Kälte, das Grauen und die Angst erfahren, die mit dem Erleben des Bösen verbunden sind. Und alle mussten daran scheitern, seine metaphysische Tatsächlichkeit und Wirklichkeit vollständig zu ergründen. Zu sein und doch undenkbar zu bleiben, das kennen wir sonst nur von dem, was wir Gott oder das Göttliche nennen.

Das Böse durchdringt die Geschichte der Menschheit, unübersehbar und allgegenwärtig. Wir verbinden Zerstörung, Unglück, Not und Leid damit. Es hinterlässt sprach- und fassungsloses Entsetzen, doch selten können wir es greifen. Es existiert und wirkt als grundlegende Potenz in jedem Menschen und bewahrt sich in der Vielfalt seiner Erscheinungsformen und Maskierungen zugleich den Schleier des Verkennens. Das systematische und kategoriale Denken tut sich schwer damit, es wirklich zu verstehen und zu beschreiben. Von Menschen in die Welt getragen, treten in jeder Erscheinungsform andere Rudimente zu Tage, die aus einem in tiefer Dunkelheit liegenden Abgrund zu kommen scheinen.

Wir stehen an dieser Stelle vor der größten Zumutung, ja Kränkung, die der nach Unendlichkeit und Allerkenntnis strebende menschliche Geist zu ertragen hat – seine Endlichkeit und damit Begrenzung. Es mag dabei die Einsicht schmerzen, dass auch die Frage nach Gut und Böse der Relativität nicht ausweichen kann – aller Ethik, allen Maximen und Normen, sogar allem Glauben zum Trotz. Handelten Hitler, Stalin und Pol Pot in den von ihnen initiierten Exzessen nicht in der Absicht, eine bessere Welt zu schaffen? Diesen Totengräbern der Menschlichkeit folgten Heerscharen in Glauben und Gehorsam. Und dieser Glaube und dieser Gehorsam waren selten blind. Auschwitz, die Gulags, die Killing Fields, Hiroshima und die zahllosen brutalen Angriffskriege sind in ihrer Entstehung und ihrer konkreten geschichtlichen Wirklichkeit zwar nicht vergleichbar. Unter dem Gesichtspunkt, sie verstehen zu wollen, weisen sie jedoch dramatisch darauf hin, dass Böse und Gut weit mehr sind als bloße individualpsychologische Kategorien. Vielmehr muss der Sog des Kollektiven mitbedacht werden. Und es lässt sich erahnen, dass wir es beim Menschen alleine als Grund und Ursache nicht werden bewenden lassen können. Allerdings ist auch nicht auszuschließen, dass die Unterscheidung in Gut und Böse überhaupt erst das Bewusstsein des Bösen erweckt und in die Welt getragen hat – eine Spätfolge gleichsam des Abschieds aus Eden, mit Abel als erstem Opfer. Seit wir als Menschheit glauben, das Böse begrifflich identifiziert und damit unterscheidungsfähig gemacht zu haben, stellt es für jeden Menschen als potentiellem Täter die Probe auf die Freiheit dar. Es ist die Probe, die in der Selbstentzweiung des Menschen und der Schöpfung insgesamt liegt.

Die Menschheitsgeschichte leidet daran, dass auf das Erleben des Bösen in seiner ganzen Unergründlichkeit und brutalen Wirkmächtigkeit noch immer die Versuche folgten, es im Namen des sogenannten Guten auszulöschen und aus der Welt zu verbannen. Jeder dieser Versuche führte selbst in böses Handeln. Die „Achse des Bösen" hat keinen Anfangs- und keinen Endpunkt. Sie umfasst als Spirale den ganzen Globus. Reduzieren wir die Frage von Gut und Böse auf ein binäres Weltbild, gehen der menschliche Grundauftrag und die Chance verloren, Welt und Kosmos als Ganzes zu sehen und zu verstehen. Jede Spaltung verstärkt die Illusion. Sie nimmt uns hinsichtlich der weltumspannenden Macht des Bösen auch die Gelegenheit, der noch verborgenen und geheimnisvollen Rolle nachzuspüren, welche die dunkle Macht im Erlösungsprozess des Menschen möglicherweise spielt.

Damit nicht pauschal hinsichtlich allen Unglücks und Leids vom Bösen gesprochen wird, lässt sich eine Differenzierung einfügen, die das Verstehen und Argumentieren etwas leichter macht. Gottfried Wilhelm Leibniz (1646–1716) hat hier eine bedeutende Unterscheidung eingeführt – in das physikalische, das moralische und das metaphysische Böse.

Das physikalische Böse *(malum physicum)* gehört dabei dem natürlichen Seinsbereich an und umfasst etwa schwere Krankheiten,

Epidemien, Naturkatastrophen und alles, was aus der Knappheit an Ressourcen resultiert. Da der Mensch allenfalls indirekt an seinem Entstehen beteiligt, aber normalerweise nicht der willentliche Auslöser ist, wäre es angemessener, es als außerethisch und außermoralisch zu bezeichnen. Deshalb kann besser von einem Übel oder von Leiden gesprochen werden. Das Übel überrollt einzelne Menschen, Menschengruppen und ganze Völker als eine Art Zufallsdesaster. Es lässt keine Chance zur unmittelbaren Reaktion. Es wirkt wie ein Verhängnis. Solchem kann ich aus eigener Kraft nicht entkommen.

Das nach Leibniz moralische Böse *(malum morale)* entsteht im Menschen selbst, unter Beteiligung von Herz, Sinnen und Verstand. Es wird in ihm geboren durch Entscheidung. Seine Verwerflichkeit liegt in der frei getroffenen Wahl, willentlich und wissentlich Leben zu schädigen, zu vernichten oder seine Potentialität zu beschneiden. Allerdings bestimmen hier der Entwicklungsstand und die kulturelle Gewordenheit, was Menschen als böse ansehen. Das in einer bestimmten Kultur als böse Gebrandmarkte mag in einer anderen als gut daherkommen. Einem Kannibalen erscheint das Verzehren von Menschenfleisch genauso wenig böse wie dem Taliban die Versklavung von Frauen. Beide befinden sich und leben in einem Kontext von Werten und Traditionen, die für sie seit Generationen Bestand haben. Es sind „lediglich" evolutionär niedere Traditionen, die vor der Einsicht in die Gültigkeit universaler ethischer und moralischer Wertvorstellungen liegen, wie sie von der Völkergemeinschaft in den Menschenrechten ausformuliert worden sind.

Von Leibniz noch übersehen wurde eine Erscheinung des Bösen, die sich in den von Menschen, oft über Generationen, geschaffenen Strukturen ausdrückt – durch totalitäre Staatssysteme, die Unterdrückung, Verfolgung und Vernichtung von Minderheiten und Andersdenkenden, festgeschriebene soziale Ungleichheit, einengende und erniedrigende Architektur etc. Selbstredend benötigt das strukturelle Böse Menschen als Vollzugsorgane, doch oft fehlt diesen die Möglichkeit zur wahrhaft freien Entscheidung, nicht zuletzt durch ein indoktriniertes Bewusstsein.

## Abseits des Lichts – Über das Wesen des Bösen II

Das physische Böse, auch Übel genannt, das moralische Böse, das aus der Wahlfreiheit des Menschen resultiert, und das kulturell verdichtete, in Strukturen eingebrannte Böse können wir uns als allgegenwärtige Erscheinungen in der Welt bis zu einem gewissen Grade erklären. Anders stellt sich das beim metaphysischen Bösen dar.

Die Auffassung, dass das Böse keine eigene Wesenheit, ja nichts außerhalb der menschlichen Natur sei und seine Ursachen deshalb nur im Menschen selbst gefunden werden können, ist weit verbreitet. Sie reicht bis in die Theologie und beherrscht den wissenschaftlichen, philosophischen und psychologischen Diskurs. Gut und Böse lediglich als ein Eigenschaftsfeld des Menschen zu sehen, nur weil wir als Gattung diese Energien erfahren und sie differenzieren können, scheint jedoch eine typisch anthropozentrische Simplifizierung und damit Verdunkelung zu sein. Und damit zeitigt das sogenannte Böse wohl einen eigenen Triumph. Er hilft wesentlich, dass es im Unerkannten wirken kann.

Verstehen wir das Böse ursächlich allein in Kategorien des Individuellen und Menschlichen, verhindert das ein Begreifen in den Tiefendimensionen, die seinem Wesen entsprechen. Gewiss scheitern alle Versuche, das Böse in der Logik von uns Menschen beweisen oder gar empirisch belegen zu wollen; sie scheitern genauso kläglich wie Gottesbeweise. Das geistig, körperlich und zeitlich

Begrenzte vermag das Unbegrenzte eben nie hinlänglich zu erfassen, obwohl es ihm in der großartigen Verbundenheit allen Seins gleichzeitig selbst teilhaftig ist. Wir können immer nur Spuren und Facetten wahrnehmen und sie der Analyse auf unterschiedlichsten Ebenen zugänglich machen – die Kraft der intuitiven Erkenntnis und auch der Glaubenszugänge inbegriffen. So manches – nicht nur Gedachtes, sondern auch Erfahrenes und sinnlich Wahrgenommenes –, entzieht sich dabei der Sagbarkeit, weshalb wir so gerne in Metaphorik, in die oft so kraftvolle Ausdrucksweise der Bilder ausweichen.

Mag das Böse auch nicht greifbar und in materieller Substanz allein nicht vorstellbar sein – dass es spürbar ist, entspringt keiner Täuschung. Es vermag, wie das Göttliche, in Seele, Geist und Leib auf Resonanz zu treffen. So kommt es ins Leben, wird zur Erdenenergie und tritt in den Verantwortungsbereich des Menschen. Es bedient sich des Geistes und der Materie. Beide nimmt es umso stärker in seinen Sog, je schwächer die Ausrichtung des Menschen auf das Göttliche wird und je mehr sich damit der göttliche und spirituelle Bereich, bis zur Gottesfinsternis, verdunkelt.

Der Ursprung des Bösen liegt und verbleibt im übermenschlichen Seinsbereich. Es ist deshalb eine folgenschwere Verharmlosung, wenn wir das Böse lediglich als Verminderung oder Abwesenheit des Guten betrachten und es ausschließlich der menschlichen Verantwortung zurechnen. Alles Gute käme dann von Gott, alles Schlechte vom Menschen. Diese paradoxe Vorstellung wird weder der Größe und dem Umfassenden des Metaphysischen noch der Begrenztheit des Menschen, aber eben auch nicht seiner ihm zugleich immer mitgegebenen Gotteskindschaft gerecht.

In den heiligen Schriften der Weltreligionen werden die Mächte des Bösen als so selbstverständlich existierend gesehen wie Gott. Wirklich eindeutige Belege für das Entstehen des Bösen sind jedoch genauso wenig zu finden wie über den Ursprung des Absoluten selbst. Es braucht deshalb an dieser Stelle einen Blickwechsel.

Das Göttliche ruht jenseits von Gut und Böse bzw. nimmt beide in sich auf. Gott als das von Anfang an umfassende und ausschließliche Gute zu sehen, das zudem von sich aus das Böse in der Welt verhindert, ist ein menschliches Missverständnis. Das lässt sich spätestens seit den Wahnsinnsverbrechen des 20. Jahrhunderts nicht mehr vertreten. Bedenkenswertes bietet in dieser Hinsicht schon die hebräische Bibel, das sogenannte Alte Testament. Gott gibt sich als gut und böse zu erkennen, wirkt Heil und Unheil (vgl. Jesaja 45,7). Er bringt beides in die Welt, erscheint als Helfer, unbarmherziger Verfolger, Retter und Versucher. Immer zwingt er den Menschen in die Entscheidung. Von dieser polaren Seinsweise des Göttlichen künden auch die hinduistischen Lehren. Die absolute Schöpfergottheit Brahman setzt das Widersprüchliche in all seinen Schattierungen selbst in das Sein. Es ist Ausfluss seiner integralen Wesenhaftigkeit. So gesehen zeigt sich das Böse in seinem Ursprung und seinem Auftreten in der Welt nun als immanenter Teil des Lebens.

Gehört die Wahlfreiheit zum Menschen, so setzt Wahl immer Vollkommenes und Unvollkommenes, Gutes und Böses voraus. Freiheit wäre nicht ohne die Existenz der Differenz als Prinzip der Schöpfung. Nehmen wir das als gegeben, ergibt es keinen Sinn mehr, von einer unvollendeten Schöpfung zu sprechen. Ihre Vollendung liegt gerade in der Dynamik und Dialektik, die Freiheit und Entwicklung ermöglicht!

Für den einzelnen Menschen bedeutet das: Um in die Welt zu treten, benötigt das Böse den menschlichen Geist und die menschliche Seele als Resonanzfeld. Hier liegt der Schlüssel. Albert Schweitzer maß Gut und Böse an der Lebensdienlichkeit. Gut ist, was dem Leben dient, es fördert und seine Potentiale befreit. Böse ist, was

Leben willentlich und wissentlich schädigt, an seiner Entfaltung hindert, vernichtet. Sich auf den Wegen unseres Lebens dessen bei allem Tun und Nichttun zu erinnern und zu vergewissern, verweigert dem Bösen den Zutritt in das bewusste Leben. Es schafft Raum für die Liebe.

## Das Gesetz der Resonanz

Das Gesetz der Resonanz lehrt die Ähnlichkeitsverstärkung. Je mehr Gleiches von Gleichem wir denken, kommunizieren und tun, desto wahrscheinlicher wird, dass es sich wieder und weiter ereignet. Je intensiver wir uns in einer bestimmten hohen Verhaltenswahrscheinlichkeit bewegen, desto stärker sind Prozesse der Gewöhnung und desto unwahrscheinlicher werden Denk- und Handlungsalternativen. Und das gilt in alle Richtungen.

Es ist dieser evolutionäre und kulturelle Grundsatz, der es so außerordentlich schwer macht, dass sich kurzfristig Bewusstseinsorientierungen und Verhaltensweisen ändern. Folgt Gewalt als Reaktion auf Gewalt, liegt es nahe, dass daraus wieder Gewalt entstehen wird. Jeder ungute Gedanke und jede ungute Handlung baut das Feld des sogenannten Bösen weiter auf, konkret in einer Person, aber auch im Kollektiven. Das Ungute, Böse schafft den Hang zu seiner Verstärkung; Sünde bewirkt den weiteren Drang zur Sünde. Die Neigung wächst, sich zu wiederholen. In außerordentlichem Maße wurde die Menschheitsgeschichte von diesem verhängnisvollen Kreislauf geprägt.

Neben den Bedürfnis- und Gewohnheitskomponenten des Vegetativen und Leiblichen spielt das Geistige als Ausgangspunkt die tragende Rolle. Es bietet das Resonanzfeld, aus dem Entscheidungen und Handlungen folgen. Es bringt die Seele zum Schwingen. So sprechen wir von einer „dunklen Seele", wenn das Lebensschädigende nicht nur Macht über die Gedanken und Empfindungen gewonnen hat, sondern auch über dieses unbewusste und den einzelnen Menschen weit übersteigende Energie- und Empfindungsfeld, das wir Seele nennen.

Bei aller Sehnsucht nach dem Guten und auch aller Tugendhaftigkeit liegt die Resonanzfähigkeit für das Böse immer in den Möglichkeiten der Natur des Menschen. Das Eintrittstor öffnet sich weit durch jene geistige Haltung, die wir *acedia*, Trägheit, nennen. Sie gilt als die siebte, die fürchterlichste der Todsünden. Denn aus ihr folgen eine selbstverschuldet geminderte Urteilskraft sowie ein fehlender Erkenntnis- und Entwicklungswille. Entsprechend geben Unwissenheit und die damit verbundene Selbsttäuschung sowohl dem Leiden als auch dem Bösen Raum.

Das für das Böse Konstatierte trifft jedoch auch für das Gute, das Lebensdienliche zu. Jeder dem Guten entspringende Gedanke, jede aus Liebe geborene Handlung, jede Hinwendung zu dem, was wir das Wahre und das Schöne nennen, arbeitet an dem Feld von Wahrscheinlichkeitsenergien, die den Einflussraum des Negativen schon alleine dadurch mindern, dass sie die eigenen Resonanzflächen durch ihre pure Präsenz erweitern.

Im Prozess sich aufbauender und schwächender Feldenergien spielt die Erkenntniskraft des Bewusstseins und die aus ihr erwachsende Kunst der Unterscheidung die überragende Rolle. Auch wenn beide das Böse nicht aufzuheben vermögen, so sind sie doch in der Lage, es zu identifizieren und zu markieren. Bereits die Aufmerksamkeit, die daraus dem Dunklen gegenüber resultiert, schwächt seine Energie. Denn es ist da am mächtigsten, wo es unbeachtet und unintegriert im Unerkannten wirken kann, dort, wo die Augen der Seele und des Herzens aus Angst, Scham oder Trägheit so gerne wegsehen. Erkenntnis erblüht auf diese Weise zu einer lebensdienlichen Vernunft, die nicht nur zu Wegen weist, Hass, Diskriminierung und Gewalt zu widerstehen. Vielmehr öffnet sie auch einer unterdrückten bzw. suchenden Liebe den Raum. So leistet sie ihren Beitrag zur Reinigung der verirrten Seele, indem sie deren Resonanzfeld neu ausrichtet.

Das Beziehungsgeflecht zwischen Erkenntnis und Resonanz ist selten ein Selbstläufer. Brüche im Leben, existentielle Krisen, Schicksalsschläge und auch tiefgehende Enttäuschungen können es genauso energetisieren wie erlebte Heilung und als außerordentlich empfundene Gnade. In jedem dieser Fälle öffnet sich nach dem Durchleben dessen, was der Person begegnet und was in ihr ausgelöst worden ist, potentiell die Tür der Wandlung. Kairos, die Gottheit jener Fülle, die im besonderen Moment liegt, winkt und reicht die Hand. Im gelebten Beispiel können wir sie ergreifen. Der Ausgangspunkt für eine neue Feldenergie ist nun gegeben. So kann sich das einzelne Leben wandeln und mit ihm all das, wohin es ausstrahlt. So auch mag im Großen der Weltenlauf eine neue, heilsame Richtung einschlagen.

## Wider den Aber-Geist

„Lass dich nie auf den Aber-Geist ein, nach dem alles ein böses Ende nimmt, alles sich von der dunklen Seite zeigt (...). Sieh lieber zu, dass du Werkzeug des guten Geistes wirst", notierte Petrus Faber, Mitbegründer des Jesuiten-Ordens, in seinem Geistlichen Tagebuch. Hinter nahezu jedem Gedanken lauert der Widerspruch. Keine These kann sich halten ohne Antithese. Das ist das Fundament dialektischer Prozesse, von Entwicklung überhaupt. Das positive des *Aber* als Erkenntnisprinzip gilt es also nicht infrage zu stellen. Es ist ein wahrhaftiger, geradezu evolutionärer Grundsatz.

Auch das *Aber* in der Politik und in gesellschaftlichen Fragen und Prozessen hat seinen berechtigten Platz. Im positiven Falle dient es der Verfeinerung und Vertiefung von Argumenten, die schließlich zur Entscheidungsgrundlage führen. Im negativen Falle allerdings reicht es nur noch zu Entscheidungsfindungen, die als schlechte Kompromisse in verwässerter Mittelmäßigkeit enden – ein Ergebnis, das möglichst niemandem wehtut, drängende Probleme und deren mutige Bewältigung jedoch in die Zukunft und die dann davon Betroffenen verlagert.

Und dann wäre da noch der ewig widerständige und nörgelnde *Aber-Geist,* in dem sich die Haltung des *Aber* gleichsam als Charakterzug und blockierende Energie hinsichtlich allem zu erkennen gibt, was den Namen „Veränderung" trägt. Solches *Aber* wirkt in gesellschaftlichen und kulturellen Krisensituationen als destruktives, lähmendes Gift. Es entzieht einer klaren Handlungsorientierung das gefestigte Fundament, den jeder Aufbruch braucht.

Schauen wir hin. Die Ausgangslage ist unmissverständlich. Die Fakten stehen außer Zweifel. Um Schlimmstes zu verhindern, wie etwa hinsichtlich der Erderwärmung, des Artenschutzes oder der Durchsetzung von Menschen- und Lebensrechten, sind entsprechend deutliche Konsequenzen eigentlich alternativlos. Es werden Schritte in Betracht gezogen, zu denen es möglicherweise Alternativen gäbe; es lässt sich im nun angestoßenen Prozess nicht ausschließen, dass das eine oder andere sich als partieller Irrtum herausstellt, was jedoch nur die Praxis und das Unterwegssein zeigen können. Was geschieht? Es kommt aus verschiedenen Richtungen das *Aber.* Sei es um des Widersprechens selbst willen; sei es durch eine bestimmte politische Klientel, die sich Lobbyinteressen verschrieben haben; sei es um des eigenen kurzfristigen Vorteils oder auch einfach nur der Ablehnung der Handlungsträger willen; sei es aufgrund eigener Geltungssucht. Da, wo es hundert Prozent bräuchte, um ernsthaft durchzustarten, sind nun Energieräuber im Spiel. Aus dem Prozess, der noch gar nicht richtig begonnen hat, wird Schwung abgesaugt. Klarheit trübt sich ein, ja das Selbstbewusstsein der zum Handeln auserwählten Personen mag negativ infiltriert werden. Mit dem *Aber* hat der Zweifel die Arena betreten.

Durchbruchs- und Aufstiegsenergie lebt vom Unmissverständlichen. Lässt sich ein Pilot im Prozess des Startens von Unsicherheit erfassen und gibt nicht vollen Schub, bekommt der Flieger den Hintern nicht hoch und landet jenseits der Rollbahn im Gebüsch. So wie wir normalerweise dem Piloten vertrauen und beim Start kein *Aber* in das Cockpit brüllen, gilt es auch, sich in Zurückhaltung zu üben, wenn ein Aufbruch sich erheben will, der dem Leben zu dienen sich verpflichtet hat – gereift in Überzeugung und Klarheit. Die Zeit drängt. Wir tragen Verantwortung. Sind auf dem Weg. Dann kommt eine Weggabelung. Wir kennen die richtige Richtung nicht. Langes Zögern ist jedoch ausgeschlossen. Und so befragen wir unsere auf Erfahrung beruhende innere Stimme, verbinden sie mit dem Ruf der Sehnsucht und folgen dann der Intuition. Ab jetzt ohne Wenn und Aber. Das Risiko ist immer Teil des Spiels, wenn der Abgrund droht.

Weggabelungen und lauernde Abgründe begegnen dem Menschen und der Menschheit allenthalben. Im kleinen privaten Leben genau wie in den großen globalen Existenzfragen. Dann braucht es Besinnung, hohe Achtsamkeit, Entschlossenheit und Tapferkeit in der unbeirrten Umsetzung. In diesem Prozess wächst das nötige Vertrauen während des Gehens. Und es wird alles andere als blind sein. Dann mag sich das ereignen, was Hilde Domin so formulierte: „Ich setzte den Fuß in die Luft, und sie trug."

## Achtsamkeit ist das Kind, Wachheit die Mutter

Achtsamkeit ist zu einem Schlüsselwort der Gegenwart geworden. Vieles wurde über sie gesagt, geschrieben; Achtsamkeitsschulen haben sich gegründet. Als eine spezifische Form von Aufmerksamkeit markiert sie eine besondere Qualität des menschlichen Bewusstseins – mental und körperlich.

Geistes-Gegenwart, Unmittelbarkeit und Präsenz umschreiben sie ebenso wie Bedachtsein in allem, was wir tun. Ein Mensch in achtsamer Haltung ist ausgerichtet, zentriert. Vorschnelle Urteile und Wertungen versagt er sich. In Achtsamkeit zu sein, ermöglicht die weitgehend vorurteilsfreie Registrierung dessen, was der Moment an inneren und äußeren Erfahrungen bereithält. Ich werde eins mit dem Moment, *bin* die Regung des Seins, die in meine Wahrnehmung tritt.

*Bedacht öffne ich eine Tür,*
*nehme Licht, Farben, Geräusche und Gerüche wahr.*
*Ich betrete einen sakralen Raum.*
*Behutsam verneige ich mich.*
*Der Schritt gemessen. Die Körperhaltung aufrecht.*
*Der Atem tief und frei.*
*Es ist, wie es ist.*

Im Idealfall meint Achtsamkeit beides: Bewusste Übung und alltäglichen Vollzug. Dies gilt auch für die banalsten Dinge. Immer wieder wird man daran scheitern. Doch das ist völlig ohne Belang. Als entscheidend gilt die Bereitschaft, im nächsten Moment die Übung wieder zu beginnen.

Achtsamkeit ohne Wertehorizont und ohne geistig-ethische Haltung mutiert potentiell zu einem Verhängnis. Es lässt entsprechend stoisch geschulte Manager ihren Götzendienst am Kapitalismus noch gelassener und gerichteter betreiben, Kamikaze-Flieger, wie historisch belegt, ihre Maschinen suizidal eiskalt und ruhig in die gegnerische Flotte lenken. Selbst Sadisten verrichten ihre Abscheulichkeiten in hoher Achtsamkeit. Nichts in der Menschen-Welt tönt ohne Gegenklang, wenn ihm die Liebe fehlt und die Umfassung durch größere Kontexte. Das Konzept der Achtsamkeit ist davon nicht ausgenommen, soll Seelenruhe sich nicht schnell in Kaltblütigkeit oder Gleichgültigkeit verwandeln.

Umso wichtiger scheint, an der Beziehung zwischen Wachheit und Achtsamkeit zu arbeiten, ja den notwendigen Zusammenhang zunächst einmal zu verstehen. Wachheit öffnet das Bewusstsein und damit die Sinne im Hinblick auf die Vielfalt und den Reichtum des Lebens. Sie weckt Interesse und erweckt unsere Phantasie. Erst Wachheit ermöglicht Präsenz und die Empfindung von Unmittelbarkeit und Eingebundensein in das Geschehen. Aber zugleich geht sie darüber hinaus.

Der wache Blick sieht nicht nur das direkt vor den Toren der Sinnlichkeit Liegende, sondern er schaut durch die Dinge hindurch und hinter sie. Wachheit will verstehen! Nicht nur der Augenblick fordert Aufmerksamkeit, sondern auch das ihm Folgende, und ebenso seine Verbindung mit dem untergehenden Horizont der Vergangenheit, dem Wie und Warum des Gewordenen. Ein wacher und zugleich achtsamer Mensch steht im Erleben der Schnittstelle von Gewesenem, Gegenwärtigem und der Entwicklung in das Kommende hinein. Wachheit können wir so auch als Prozessbewusstsein umschreiben. Das nicht Bekannte, Unvorhergesehene, Verborgene, Überraschende und das Geheimnishafte sind immer mit im Spiel. Wachheit in diesem tieferen Sinne fordert deshalb geistige Offenheit, fortwährende Ausrichtung und die Erkenntnis, persönlich gefordert zu sein.

Als Archetypus des wachen Menschen kann das Propheten-hafte gesehen werden. Es steht im Strom und der Erkenntnis des Gewesenen. Von dorther liest es die Gegenwart und öffnet sich in die Schau dessen, was kommen mag. Nur auf die Geschichte, die reine Gegenwart oder Zukunftsträume fixierte Menschen taugen dafür genauso wenig wie der verschlossene und selbstgenügsame Aufenthalt in bestimmten Weltdeutungen, Ideologien oder Theo-logien. Wachheit ist allerdings nicht davor gefeit, der ständig lau-ernden Gefahr zu erliegen, sich in purer Neugier oder Gedanken-umtriebigkeit zu verstricken. Deshalb steht ihr die Achtsamkeit zur Seite. Sie holt zurück, erdet im Moment, lässt ruhige Nüchternheit einkehren.

# Göttliches und Heiliges

# Seit je klingt da des Menschen Ruf

Seit je klingt da des Menschen Ruf:

*Führe mich in Dein Geheimnis*
*Öffne den Vorhang*
*und sei es nur einen Spalt*

*Warum verbirgst Du Dich vor mir*
*Wer bist Du*
*Wo bist Du*

Und ewig spricht die Antwort:

*Ich bin da*
*und war nie fort*

*Ich zeige mich*
*In jedem Baum*
*Jedem singenden Vogel*
*Jedem rauschenden Wind*
*Jedem bewegten Wasser*

*Ich spreche zu Dir*
*Durch den offenen Himmel*
*Wärme Dich als Sonne*
*Rufe Dich durch Deine Sehnsucht*
*Lass Dich ankommen*
*Durch Deine Liebe*

*In Boten und Propheten bin ich Dir erschienen*
*Was du wissen musst*
*Es ist gesagt*

*Beende Deine Suche*
*Finde was vor Deinen Augen liegt*
*Was Du mit Deinem Herzen*
*jederzeit erkennen kannst*

Doch des Menschen Ruf will nicht verstummen:

*Wie soll ich meine Sehnsucht stillen*
*Wie das unruhige Herz besänftigen*
*Es brennt, gleich auch, was meine Augen sehen*

Spricht die Antwort:

*Wenn Deine Sehnsucht in Dir ruft*
*Bist Du angekommen*
*Sie wäre nicht*
*Ohne meine Sehnsucht nach Dir*
*Deine Frage ist die Antwort*
*Ich bin da*
*In Dir*

Der Mensch:

*Etwas bleibt – Was ist Dein Wesen?*

*ICH BIN DAS SEIN*
*DER GEIST*
*DIE WAHRHEIT*
*DAS LEBEN*
*ICH BIN DU*

# Kerzenschein des Lebens

Es mag sein, dass es ohne Theologie, heute, nach etwa 2000 Jahren, keine christliche Religion mehr gäbe, keine Pfarrer, keine Sakramente, keine Zusammenführung von Glaube, Vernunft und rationalem Diskurs. Dann gäbe es wohl auch keine Gemeinden mehr, keine Klöster, keine Orden. Ja, vielleicht wäre all das sogar niemals geworden in einer Welt, die maßgeblich durch das Denken konstruiert wird. Der Platz der Theologie im Universum des Christentums soll also nicht gemindert oder gar infrage gestellt werden, genauso wenig wie die gigantischen Geisteswelten, die sie schuf. Doch in diesen Welten kann man sich leicht verirren, manchmal verlieren, ja man kann sogar das Leben (aus dem Blick) verlieren, wenn der Geist sich verselbstständigt, in immer weitere Nebenwege und Deutungstiefen hinein.

Durch Theologie läuft die Religion Gefahr, zu einer mehr oder weniger abstrakten Denkangelegenheit, zu einem intellektuellen System zu werden. Mitunter wirkt es weitgehend hermetisch in sich abgeschlossen und rückt damit bedenklich nahe an das, was Ideologie genannt wird. Solche sich selbst bestätigende Denksysteme sind zudem weitgehend abgeschottet gegenüber den Wahrnehmungsweisen und Erkenntniszugängen von Gefühl, Intuition und Kontemplation, die wir neben dem klaren Geist als Fundamente des Glaubens sehen können. So ist es wohl auch kein Zufall, dass diese drei im Studium der Theologie und in der Ausbildung von Priestern, Pastorinnen und Pastoren so gut wie keine Rolle spielen. Und entsprechend ist das, was sich „Gottesdienst" nennt, zumeist voller Worte. Die tiefe Stille hat keinen festen Platz, sowenig wie die Empfindungen, die in einem berührten Herzen entstehen.

Christus hinterließ nichts Schriftliches. Er entwarf keine Theologie. Er lehrte überzeitliche Grundwerte auf der Basis der hebräischen Bibel. Er bestimmte die Beziehung zwischen Gott und Mensch aus eigener Erfahrung. Er gab Zeugnis durch das gelebte Beispiel. Zur Verdeutlichung seiner Lehre vom Himmel und von der Erde sprach er in Gleichnissen, machte seine Glaubensbasis und sein eigenes Leben in Geschichten erfahrbar. Vor seinen Worten und zeichenhaften Handlungen suchte er die Stille auf. Er war Zeuge, Ausdruck, Gestalt und Prophet der Religion.

Religion, *religio,* meint Rückbindung an den Grund aller Dinge, an die allem zugrunde liegende Dimension, an den Ausgangspunkt von Werden und Vergehen, an den Pulsschlag des Seins. Der Tempel, in dem diese Religion lebt und sich entfalten kann, liegt im Menschen selbst, in seinem inneren Raum. So ist sie immer bei ihm, und deshalb ist er immer in der Religion, wenn seine Sehnsucht ihn zieht und sein Bewusstsein danach strebt. Dann wird das Leben an sich zur religiösen Praxis, zu einem immerwährenden Gebet. Gott erfahren meint in dieser Hinsicht, sich der Wirklichkeit der Welt zu stellen und die Verbindung von Innen und Außen zu (er-)leben.

Was wir Gott nennen, existiert inwendig im Menschen und durchströmt zugleich die Welt. Es lebt nicht abgegrenzt in Tempeln aus Stein – auch wenn wir dort seine Nähe oft unmittelbarer erfahren können. Denn für diese Erfahrung sind sie aus Gottessehnsucht gebaut und stützen diese Sehnsucht in jenem Menschen, der sie betritt und in Resonanz geht. Von der Grundfrage des Religiösen her kommend, gilt es jedoch im Bewusstsein zu halten, dass heilig nicht der Stein, nicht das Bild, nicht die Reliquie sind. Heilig ist das Leben, wie auch Albert Schweitzer, weit über den Menschen hinausweisend, immer betonte.

Das Leben kann als Sakrament des Göttlichen gesehen werden. Alles was lebt, will sich entfalten. Die ganze Schöpfung bedarf, gerade in diesen zerstörerischen Zeiten, deshalb der liebevollen und pflegenden Zuwendung. Das ist wahrer Gottesdienst. Religion wächst damit über das Innen des Menschen hinaus in eine lebensdienliche Haltung und Praxis. Diese Praxis, die zwischen Innen und Außen schwingt, ist es auch, die zur letztendlichen Vergewisserung der Innenraumorientierungen führt. Hierhin können wir jederzeit zurückfinden, wenn wir im Außen scheitern oder die Kraft zum Handeln nachlässt, wir schwächer werden. Und das ist dann kein Rückzug vom Außen. Vielmehr wächst es gleichsam in unser Innen hinein, und wir wenden uns ihm nun mit geistiger Energie zu, als Kerzenschein des Lebens.

## Was ist heilig?

Vielleicht liegt es daran, dass schon zu allen Zeiten Menschen an der Unzulänglichkeit dessen gelitten haben, was sie Realität nennen. Das Unbefriedigende, als ungerecht Empfundene, das – bezogen auf das Ideal von Sein und Werden – nicht Hinlängliche. Da muss doch mehr sein!

Manchmal bricht wirklich etwas unvermittelt in das Zeitliche und uns Gegebene ein. Als heilig bezeichnen wir es dann. Zum Heiligen wird uns das, was auf unvergleichliche Weise im Innersten berührt. Was einen Schauder spüren lässt, im Zwischenraum von Sehnsucht und Ehrfurcht. Worte strecken sich vergebens, einen Ausdruck dafür zu finden. Dem Klang jedoch kann dies gelingen; einer Komposition, in der das Heilige schwingt und seinen Seelen-Rhythmus findet. Mir fällt dazu etwa das Requiem von Fauré ein.

Auch an manchen Orten verdichtet sich jene ergreifende Energie, schafft sich gleichsam ihren Raum. Ihm wird zugestanden, heilig, zu sein, ein *fanum* in alter Sprache. Magisch vielleicht sogar, wie in manchen Kulturen; der Gottheit geweiht in anderen Traditionen. Hier gilt ein eigener Anspruch, eine eigene, auf den Raum bezogene

Deutung von Vollkommenheit und eine teils sichtbare Abgrenzung zum Alltäglichen hin, dem *pro-fanum,* also dem Profanen, vor dem Heiligen liegend. Das kultische Heiligtum fordert auch im Äußeren Respekt und Demut, in angemessener Haltung, angemessenem Verhalten und angemessener Kleidung.

Heilig kann eine Quelle sein, ein Baum oder Hain. Heilig ist der Raum um den Altar; die Mauer, die noch steinernes Zeugnis von jenem Tempel gibt, mit dem so viel begann. Als heilig gilt der Raum um eine Wallfahrtsstätte im Islam, *haram* – unverletzlich, unantastbar, für Nichtgläubige verboten. Heilig sind der Sabbat und das „Heilige Land", dem Volk Israel von seinem Gott persönlich zugesprochen. Im Letzten jedoch bezieht Heiligkeit sich auf die göttliche Wirkkraft selbst, die immer anders und immer größer und unfassbarer erscheint als das, was Menschen ihr, den jeweiligen Zeitverständnissen folgend, zugedacht, zugewünscht, zuersehnt haben. Das Heiligtum will an jene Kraft erinnern. Es wird spirituell aufgeladen, um Unterscheidbarkeit zum Alltäglichen zu schaffen.

Außerhalb des Kultischen und Geheimnisvollen liegt das Profane. Es trägt keine ihm gesondert zugewiesene geistige Bedeutung. Entsprechend unachtsam kann das Sich Bewegen und Sich Verhalten in diesem Raum des Allenthalben sein.

Ein Mensch namens Jesus löste diese Trennung auf. Er integrierte das Reich Gottes in die sogenannte Normalität. Heilig bist du danach selbst, denn es ist in dir! Jederzeit, an jedem Ort kann ein Mensch diese Präsenz, die Teilhabe an der Wirklichkeit des Göttlichen wahrnehmen. Er lässt sich darauf ein, öffnet sich und richtet sich entsprechend aus. Atmet es. Kein Bekenntnis ist dazu nötig. Es ist unabhängig davon, schwebend über allem, alles durchwirkend. Einfach so gegeben.

## Die heilige Paradoxie der Sehnsucht

Seit je wirkt eine Urkraft, die uns durch die Evolution begleitet und, wenn wir es zulassen, wachsen lässt. Es ist die Sehnsucht. In ihr findet jegliche Frage eine Antwort. Denn der Mensch wird Mensch erst durch sie – die ihn in seine Tiefe führt, zu der Potentialität, die in ihm ruht. Sie lockt ihn über das Gegenwärtige hinaus. Zu dem Größeren hin. Dann streckt er sich nach dem, was ihn unendlich übersteigt, und dessen Teil er zugleich ist. Es kann doch nicht sein, dass wir unsere Maßstäblichkeit allein aus uns selbst bestimmen ...

Die Sehnsucht stellt in eine unstillbare Unendlichkeitsdynamik. Maßlos und unerschöpflich fließen die Sehnsuchtsströme des Menschen durch das Leben. Oft geraten sie auf Abwege, folgen Irr- und Scheinlichtern, verlieren sich in der Jagd nach Äußerlichem, nach Dingen, nach Beziehungen und nach Bezügen. Doch letztlich steht hinter jedem dieser Begehren, hinter jeder Suche, jedem Sehnen das Absolute, der Ursprung, die Quelle von Sein und Werden. Man nennt es mangels Wissen und Vorstellung schlicht „Gott" oder „Das Göttliche". Darauf richtet sich der Drang zur Vereinigung, als Wechselspiel in einem unendlichen Feld der Resonanz zwischen dem „Himmlischen" und dem Menschlichen. Ein anonym gebliebener schottischer Kartäuser aus dem 14. Jahrhundert, der Verfasser der „Wolke des Nichtwissens", bringt diese Wechselbeziehung in dem Satz auf den Punkt: „Der Zugang zum Himmel ist die Sehnsucht."

Erst diese Sehnsucht verhilft dem Menschen zu seiner wahren Würde. Sie lässt ihn aufrecht gehen, trotz allem, was an ihm zerrt und zieht und trotz allem, was ihn zu mindern sucht. Sie ruft aus dem Exil der Ich-Bezogenheit und der flüchtigen Geschäftigkeit. *Inquietum est cor nostrum, donec requiescat in te* – „Unruhig ist unser

Herz, bis es Ruhe findet in Dir", notiert Augustinus am Beginn seiner „Bekenntnisse".

Auch wenn wir Menschen es nicht immer wahrhaben wollen und wir uns auch immer wieder abwenden oder ablenken lassen: Die Absolutheitssehnsucht ist uns als Lebenskraft ins Herz gelegt. Obwohl zeitliches Geschöpf, hebt sie uns zugleich aus der Zeitlichkeit und der damit verbundenen Enge. Sie will das Ewige und Unendliche inmitten des Gegenwärtigen berühren. Und so leben wir in einer dauerhaften Spannung zwischen *schon jetzt* und *noch nicht*.

Doch woher stammt des Menschen Sehnsucht eigentlich? Wir sagten, sie sei ins Herz gelegt. Darin verdichtet sich die Ahnung, dass es vor dem Erwachen der Sehnsucht des Menschen eine andere Sehnsucht gab und gibt: Die des Absoluten, des Göttlichen, nach Begegnung mit dem Menschen, nach Erkannt-Werden durch ein DU. So formuliert Augustinus, dass der Mensch die Sehnsucht Gottes sei, zu ihm hin geschaffen. Mechthild von Magdeburg (um 1207–1282) findet in ihrem mystischen Dialog „Das fließende Licht der Gottheit" ergreifende Bilder für die Liebe Gottes zur Menschenseele: „O du brennender Gott in deiner Sehnsucht!" „Gott hat an allen Dingen genug, nur allein die Berührung der Seele wird ihm nicht genug." Und der islamische Mystiker Rumi richtet folgende Worte Gottes an den Menschen:

> „*Dein Ruf ,O Gott' ist mein Ruf ,Ich bin hier!'*
> *Dein Schmerz und Flehn ist Botschaft doch von Mir,*
> *und all dein Streben, um mich zu erreichen –*
> *Dass ich zu Mir dich ziehe, ist's ein Zeichen!*
> *Dein Liebesschmerz ist Meine Huld für dich –*
> *Im Ruf ,O Gott' sind hundert ,Hier bin Ich!'*"

In all diesen Ausführungen klingt durch, dass das, was der Mensch sucht, zugleich das ist, was den Menschen sucht. Das Absolute lässt sich nicht greifen, nur ersehnen – bis tief hinein in die dunkle Nacht des Nichtwissens, die allerdings zugleich der Raum einer transzendenten Gewissheit ist. Diese kann den Menschen tragen, weil das Sehnen seinen Ursprung in dem Ersehnten hat. Somit wird es Ausdruck der jederzeitigen Gegenwart des Göttlichen. Und so bewegen sich im Sehnsuchtstrieb des Menschen beide aufeinander zu. Sie ziehen sich gegenseitig an. Das Unendliche wird zur Nähe – und in dieser scheinbaren Paradoxie liegt das große heilige Geheimnis.

In anderen Worten: Das Sehnen selbst berührt den Rand der Erfüllung. Im Zustand der Sehnsucht ist der Mensch auf eine gewisse Weise bereits angekommen, steht in Resonanz, in Beziehung. Das, was sich als Defizitempfindung regte, hält nun im gemeinsamen Raum von Zeit und Ewigkeit, von Immanenz und Transzendenz, von Menschlichem und Göttlichem. In kontemplativer Stille und Schau mag dieser Raum sich verdichten zu einer Energie des Erwachens und Erkennens – wortfrei, bildfrei. Und löst so manches als Sicherheit Missverstandene auf. Es verblasst der Schein eines auf Vorläufigkeiten sich stützenden Seins. Der Mensch ist Zuhause. Ihn erwartet eine überzeitliche Ruhe und Geborgenheit.

## Über sich hinaus

Dass der Mensch in Berührung mit dem Absoluten steht, scheint außerhalb jeglicher Frage, ist er doch ein Teil davon. Obwohl diese Gewissheit zu unserem tieferen Wesen gehört, müssen wir sie oft mühsam suchen und schmerzlich wieder erringen. Einiges gilt es hierbei zu bedenken.

Da lebt, wenn auch nicht immer bewusst und noch seltener gespürt, jene Ursprungsgewissheit, dass allem ein Ausgangsprinzip zugrunde liegt. Es existiert jenseits aller Phänomene von Raum und Zeit. Als Ursprung und Ende zugleich bildet es die „Substanz", aus der sich das Vergängliche, das Werdende und Wachsende heraus entwickelt und formt. So auch der Mensch. Zwar vermag er sich als Geistwesen grundsätzlich seinem Wesensgrund zuzuwenden, doch erfordert das die Arbeit an und mit dem, was zumeist verborgen in seinen Tiefen wohnt. Erst wenn er sich diesem durch die Vermittlung von Geschichte, von Denken, einer überpersönlichen Liebe und kontemplativer Hingabe angenähert hat, kann es schrittweise und bewusst in Resonanz mit dem Absoluten treten. So mündet es in Erkenntnis und Empfindung zugleich.

Das also ist gemeint, wenn gesagt wird, dass es ohne tiefe Selbstreflexion keine Gotteserkenntnis gibt. Und das umschreibt, worin das Entwicklungsgesetz, dem der Mensch unterliegt, letztendlich gründet. Seit je lassen sich die Weisheits- und Gottsucher von diesem Gesetz führen und haben sich ihm unterworfen, unabhängig von der Tradition, der sie entstammen. Gilt es doch über alle Zeiten, alle Kulturen und alle Religionen hinweg. Als Quelle nährt es das, was wir jenen Glauben nennen, in dem sich die Sehnsucht nach dem Absoluten, die Gewissheit gerufen zu sein und Erkenntnis verbinden.

Unsere Zeit bewegt sich in einer großen spirituellen Spannung. So manche religiöse Dualismen, magische Verbrämungen und mythische Verkindlichungen lösen sich auf, weil sie schlicht nicht mehr beachtet werden. Zugleich wird die reine Sehnsucht nach Verschmelzung mit unserem göttlichen Ursprung neu angefacht. Es ist ein Neuerwachen von Religiosität – auch aus dem heraus, was integrales Bewusstsein genannt wird. Und damit ist es ein Erwachen hinein in jene große Vision, in der die Menschheit in Liebe und Respekt zueinander und zum Leben schlechthin findet, ohne sich fortwährend weiter bewusstseinsmäßig zu spalten und voneinander abzugrenzen.

Der Gedanke einer bewussten und reflektierten Verbundenheit des Menschlichen mit dem Absoluten führt zu weitreichenden Folgegedanken, was diese Beziehungsebene betrifft. Johann Wolfgang von Goethe sagte in seinen Gesprächen mit Eckermann: „Die Gottheit aber ist wirksam im Lebendigen, nicht im Toten; sie ist im Werdenden und sich Verwandelnden, nicht im Gewordenen und Erstarrten." Daraus klingt, dass das im Lebendigen wirkende Göttliche von diesem Werdenden ja nicht unberührt bleibt. Anders formuliert: Die Gestaltung und das Gestaltete verbinden sich mit dem schöpferischen Urimpuls. Das Geschöpfliche wirkt indirekt auf das Schöpferische, ist nun selbst dazu geworden, sei es bewusst oder unbewusst. Die Gottheit, die sich in die Dynamik des Lebens verströmt, setzt sich selber dieser Dynamik aus.

Von dem Philosophen und Soziologen Max Scheler (1874–1928) lesen wir dazu: „Der Mensch – ein kurzes Fest in den gewaltigen Zeitdauern universaler Lebensentwicklung – bedeutet also etwas für die Werdebestimmung der Gottheit selbst. Seine Geschichte ist nicht ein bloßes Schauspiel für einen ewig vollkommenen göttlichen Betrachter und Richter, sondern ist hineingeflochten in das Werden der Gottheit selbst." Aus dem Blickwinkel dieser atemberaubenden Hypothese trägt der Mensch damit nicht nur eine Verantwortung *für sich,* sondern für den Schöpfungsprozess *an sich,* den Werdegrund mit inbegriffen. Letztlich wollen auch daran die Religionen mit ihren Sakramenten der Vereinigung erinnern. Gerade ein voll entfaltetes Christentum, selbstbewusst und demütig zugleich, würde genau dieses lehren!

Die religiöse, als kirchlich-institutionalisierte und entsprechend verbeamtet daherkommende Alltagspraxis sieht gleichwohl anders aus. Sie reduziert den Menschen oftmals auf den, der schwach und hilfsbedürftig einer vollendeten Gottheit unbeholfen gegenübersteht – sehnsüchtig, doch getrennt, voll der göttlich inspirierten Potentiale, doch kleingehalten. In dieser angstbesetzten Haltung mag es aufschlussreich sein, sich die Erkenntnis des Kirchenlehrers Aurelius Augustinus (354–430) zu vergegenwärtigen, nämlich dass der Mensch, um Mensch zu bleiben, übermenschlich werden muss. Vielleicht sollten wir auch einfach nur sagen, dass er sich seiner Rolle zwischen Erde und „Himmel" neu bewusst wird.

Es ist die damit verbundene innere Ausrichtung und es sind die daraus folgenden Handlungen, die den Menschen in unserem Zeitalter der großen Fragen und Infragestellungen im Lot halten. Sie erheben zu größter Freiheit und stellen im gleichen Atemzuge unbedingt in Dienst. Sie fordern und rüsten zugleich mit Zuversicht und Vertrauen. Die Gewissheit des Einsseins mit Gott und der Welt entlässt in die Verantwortung für beide. So wird aus einer bloß inneren Glaubensgestalt eine umgreifende Gestaltungs- und Erlebnisqualität auch im äußeren Leben.

## Das Heilige und der Raum

Des Menschen Sehnsucht ist sein Himmelreich. Sie entfaltet in uns den Drang zur Transzendenz. Zum Übersteigen des Alltäglichen, des Gleichgültigen und einer gelegentlich als Ödnis empfundenen Banalität will sie verführen.

Das Himmelreich aber, sagt man, ist kein jenseitiges Universum. Es lebt *in* uns, als Innenreich. So wird für die Sehnsuchtsvollen die Pflege des inneren Raumes zur notwendigen täglichen rituellen Übung – als meditative Arbeit an der Resonanz mit dem Ersehnten.

In seiner polaren Wesenhaftigkeit kann der Mensch auf der Suche nach dem Heiligen jedoch nicht auf sein Innen reduziert werden. Das macht uns ja aus, dass wir als symbiotische Geschöpfe leben, die nach wechselseitiger Durchdringung von Innen und Außen streben. Und so suchen wir den äußeren Raum, der Beziehung zum Inneren herstellt und spürbar macht, der die Sehnsucht erdet und uns leiblich ankommen lässt. Heilige Orte nennen wir das.

Es gibt sie in allen Kulturen und Religionen. Es mögen umbaute Räume sein, die sich als Tempel, Kathedrale oder kleine Kapelle an besonderen Plätzen erheben; manchmal werden Kraftorte in der Natur dazu, in der Erscheinung einer Quelle oder eines Baumes, die Menschen durch die Zeiten hindurch aufsuchen. Alle – unabhängig von der spirituellen Tradition – verbindet eines: die Resonanzfähigkeit mit dem geistigen und dem Seelenfeld des sich ausrichtenden Menschen.

Man kann heilige Räume, wie das für unsere profanisierte Kultur gegeben ist, als reine Funktionsräume ansehen: zur Versammlung einer Gemeinde, zum Abhalten des Gottesdienstes, zum Erleben eines Orgelkonzertes oder zur Betrachtung geistlicher Kunst. Das hat unbestritten einen hohen Eigenwert. Doch ihr Eigentliches liegt im Sichereignen der besonderen Berührung, dem Einbruch des Heiligen in das empfängliche Herz. Beim Betreten und sich Einlassen überfällt dich ein Schauer. Du bist umhüllt von dem, was anders ist als „draußen".

Dieses „Andere" ist nicht auf Räume angewiesen. Aber der Mensch braucht immer wieder Räume, um herauszutreten aus dem hektischen und gedankenverlorenen Getriebe; um sich neu zu spüren; sich seiner Sehnsucht zu vergewissern und sich HIER angenommen zu fühlen; um sich dann entsprechend auszurichten.

Der besondere Raum und der besondere Ort – es sind Energiefelder. Sie laden sich über die Jahre und manchmal die Jahrhunderte mit den Sehnsuchtsenergien suchender, betender, bittender, klagender, dankender, singender Menschen auf. Das macht sie so spürbar stark, dass sie uns zu tragen vermögen. Wir werden für eine Zeitspanne vom Akteur zur empfangenden Seele.

## Der Gang über die Brücke

Religionen ruhen in Traditionen. Sie haben sich im Verlauf der Kulturgeschichte aus Zeitströmungen herausgebildet, genau wie Rituale. Beide dienten und dienen der Stiftung und Bewahrung von religiöser Identität. Sie bieten einen Rahmen für vertraute Geist- und Verhaltensräume.

Für eine Menschheit im Werden, die auf ihrer Entwicklungsstufe immer noch Grenzlinien bedarf, um die Orientierung nicht zu verlieren, sind sie notwendig. Sie halten in der Erinnerung, bilden Bollwerke gegen das Vergessen. Auch ist es schwer vorstellbar, dass wir auf der gegenwärtigen Evolutionsstufe überhaupt ohne Traditionen, Rituale und die entsprechende Sinnstiftung leben können.

Im Laufe von Epochen kommen jedoch zu den Kern- und Ausgangselementen immer mehr Ausschmückungen und Deutungen hinzu. Oft sind sie verbunden mit einem gesetzlichen Charakter, mit Dogmen, die sich auf einen – wie auch immer behaupteten – Willen des Göttlichen berufen. Spätestens hier beginnt das Verhängnis. Denn mit dem Korsett der Festschreibungen, Definitionen und Auslegungen formt sich ein begrenztes und kulturell zugeschnittenes Gottesbild. Nicht selten repräsentiert es lediglich noch die Interessen und Bedürfnisse spezieller Menschengruppen. Die Weite einer Kathedrale wandelt sich dann im schlimmsten Falle in die Spießigkeit eines spirituellen Schrebergartens.

In dieser Sackgasse stecken viele religiöse Traditionen und damit ein großer Teil der Menschheitsfamilie. Wenn wir diese Sackgasse verlassen wollen, müssen wir lernen loszulassen. Das wahrhaft Wesentliche wird nicht vergehen. Was überzeitlich, gehärtet und über undurchlässige Grenzen von Einzelreligionen hinausweisend ist, wird vielmehr als Tradition neu und gereinigt wieder entstehen. Wer die wesenseine Gottheit sucht, kommt an diesem Feuer des Loslassens nicht vorbei.

Jesus selbst steht für Loslassen, Reinigung und Konzentration auf das Eine und Letzte, das er Reich Gottes nannte. Dessen Zugang erkannte und beschwor er als schon jetzt in uns lebend. Er weist damit den Weg über die Brücke in den dahinterliegenden Raum der Freiheit und der Begegnung. Es ist der Raum des Eins-Werdens. Du gehst, siehst dich geführt und kannst dir sicher sein, keinen Verrat an deinen Ursprungsimpulsen zu begehen. Diese Gewissheit steht. Und sie wird auch die Gottsucherinnen und Gottsucher anderer Traditionen über ihre Brücken führen – aufeinander zu ...

Dort dann, am Ort der Begegnung, der jederzeit und überall sein kann, verschmelzen die Essenzen des Jeweiligen zum einen und reinen Geist.


## Zerbrechende Gewissheiten

Dass wir uns in eine Welt hineinbewegt haben, in der die überkommenen äußeren Gewissheiten des Lebens sich grundlegend infrage gestellt sehen, gehört zu den neuen Sicherheiten der Gegenwart. Prozesse der Auflösung und Zerstörung sind möglicherweise noch zu lenken, aber nicht mehr zu stoppen, wenn Kipppunkte überschritten worden sind. Klimawandel, Artensterben, Rohstoffknappheit sind drastische Beispiele dafür. Sie ziehen Folgen nach sich, die tief auch in soziale und ökonomische Prozesse intervenieren und in die Verlässlichkeit hinsichtlich all dessen, was uns als alltägliche Daseinsvorsorge vertraut ist.

Es grenzt schon an eine Binsenweisheit, dass dieser Instabilität im Äußeren nur durch innere Stabilität beizukommen sei. Doch gerade diese ist kein Selbstläufer. Sie möchte täglich neu errungen sein und sich bestätigt fühlen – und das umso mehr, wenn die Wechselwirkungen von Außen und Innen berücksichtigt werden.

Das Wissen um mein Eigensein, meine Wertigkeit, ja um das, was ich für meine Identität halte, stabilisiert in stürmischen Zeiten. Doch das ist es nicht allein. Entscheidend scheint mir die innere Empfindung, aufgehoben in einer den Menschen übersteigenden Ordnung zu sein und damit in einem transzendenten Selbst.

Auch diese Empfindung kann sich allerdings zurückziehen, als Täuschung anfühlen oder gar völlig zerbrechen. Die inneren Räume, in denen wir uns beheimatet sahen, in denen unsere Sehnsucht ankommen konnte, wo auch die Träume eine Chance hatten, sie sind dann leer und kalt, vielleicht zerplatzt wie Seifenblasen. Da ist keine Resonanz in den transzendenten Raum hinein und keine aus diesem heraus mehr spürbar. Du fühlst dich allein, verlassen, der wahren Perspektiven beraubt.

Gerade Menschen, denen wir eine große innere Tiefe attestieren, denen Kontemplation und kontemplative Haltung beigegeben sind, kommen an dieser Erfahrung der dunklen Nacht selten vorbei. Davon zeugen etwa die Berichte derer, die wir als Mystiker bezeichnen. Diese allerdings sprechen auch dann noch von Treue, wenn sie die Beziehung nicht mehr spüren. Sie verbleiben nicht bei dem Klageruf: Warum hast du mich verlassen? Sie halten die Gewissheit, dass die Zisternen nackter Existenz sich wieder füllen werden.

Sie werden sich wieder füllen. Doch das Wasser des Lebens bahnt sich seinen Weg eher zu den Geduldigen, zu denen, die ausharren, scheinbar wider alle Vernunft. Transzendente und auch lebensimmanente Gewissheiten fließen nur in freien Kanälen. Sie rufen nach Pflege durch eine Zuwendung, die sich aus tiefer innerer Sehnsucht speist.

Wo etwas zerbrochen ist, bleiben Scherben. Fügen wir die eingesammelten Teile wieder neu zusammen, entsteht ein anderes, eigentlich ein neues Gefäß. Es wird seine Risse behalten, genau wie die Seele ihre Narben. Vielleicht mag man sich dann an die traditionelle japanische Kunst der Keramik-Reparatur erinnern, *Kintsugi* genannt. Die zusammengeklebten Scherben des zerbrochenen Alten werden an den Bruchlinien mit Gold überdeckt und verziert. So bleiben sie sichtbar, doch nicht als Ausdruck eines Makels, sondern einer Vollkommenheit, die nur durch das Zerbrechen des Alten entstehen konnte.

## Allmacht und Ohnmacht

Was Liebe, Zuwendung, Heilung, Bewahrung und Ermöglichung auf der einen und willentlichen Hass, willentliche Vernichtung und willentliches Böses auf der anderen Seite betrifft, lebt die Welt in Spaltung. Sie ist von einem unüberbrückbar scheinenden Riss, der jederzeit und überall aufbrechen kann, durchzogen. Daran ändert auch keine Beschwörung eines Eins- und Verbundenseins etwas. Einssein ist ein Hintergrundimpuls, der allem Werden und Vergehen als Ausgangspunkt diente und in dem alles auf Ewigkeit ruht. Aber es hebt manche gewordene Trennung nicht auf und heilt oder überwindet nicht alles, was durch intendierte Gewalt zerrissen wurde. Allerdings scheint darauf bezogen eine Unterscheidung und Klärung wichtig.

Kosmisches Einssein ist wertneutral. Es umfasst die unermessliche Liebe genauso wie den apokalyptischen Meteoriteneinschlag, das vernichtende Erdbeben und Auschwitz. Gut und Böse sind keine wesenhaften Kategorien. So gesehen gibt es auch keine Spaltung. Diese tritt erst mit dem menschlichen Bewusstsein und dessen Wertungen dem Leben gegenüber in die Existenz. Wertung wiederum bedarf für den Menschen eines Maßstabes. „Gott" ist dafür ein Name. Und daraufhin kommt es dann zu Projektionen, wenn auf der Ebene von Wertungen Ungleichgewichte gesehen werden bzw. sich etwas ereignet, was wir Verhängnis nennen. Dann bauen sich verzweifelt Fragen nach der richtenden Instanz und deren Allmacht auf: Ist das Göttliche nicht allmächtig, wo in ihm doch alles ruht? Wie kann es dann dieses und jenes zulassen? Warum interveniert es nicht, obwohl wir doch so flehen?

Der Schöpfungsgeist, der, wie es in der Bibel heißt, einst über den Wassern schwebte, und jenes, was wir die göttliche Liebe nennen, sind nicht zu vereinbaren mit dem menschlichen Bösen und dem gewollten Vernichtungsdrang. „Gott" konnte in Auschwitz nicht eingreifen, weil er es nicht vermochte. „Gott", als Schöpfungsliebe gedacht, und die Erscheinungsformen des Bösen gehen nicht zusammen, auch wenn sie letztlich demselben Urimpuls entstammen. Im Prozess der geistigen Evolution bildete sich das intendierte Böse heraus und erfuhr so etwas wie eine Verselbstständigung als „Widersacher"-Existenz.

In der Folge findet beim Selektionsprozess an der Rampe von Auschwitz die kosmische Liebe keinen Zutritt mehr. Dem Herz des sadistischen Killers, der aus Lust tötet, bleibt die Annäherung liebender Regung verwehrt. Und die Erdbeben- und Tsunami-Katastrophen wiederum ereignen sich aus naturgesetzlicher Notwendigkeit, die nicht von dem, was wir den Schöpfungsimpuls nennen, außer Kraft gesetzt werden kann – gehen sie doch auf ihn zurück.

Auch wenn die Schreie aus Verzweiflung so gut nachzuvollziehen sind – es sollten andere Rufe im Angesicht ertrinkender

Flüchtlinge und verhungernder Kinder oder marodierender Soldatenhorden angestimmt werden als die nach der Allmacht Gottes. Der „Herr der Heerscharen" ist kein siegender Kriegsgott, kein weißer Ritter mit dem Schwert Excalibur. Es ist ein Werde-, ein Zuwendungs- und Liebesimpuls, der gesucht und dann weiterverbreitet werden will.

Das Christus-Ereignis in seiner Außerordentlichkeit kann verstanden werden als Versuch, die Spaltung zu überwinden und eine neue Einheit herzustellen – durch den Einbruch des „Himmlischen" in das „Irdische" und seine Verkörperung in einem Menschen. Es dient unserer Erinnerung an das Ewige, Liebende und Heilige, das in jedem Menschen potentiell wachgerufen werden kann, wenn er sich seines Wesensgrundes besinnt. Damit ist alles gegeben! Der „Rest" liegt in menschlicher Verfügung. Er wird nicht bereitet durch eine allmächtige Instanz.

Wiederkehrend drängt der Auftrag, Allmacht neu zu denken, nämlich endlich jesuanisch. Wir haben es in diesem Sinne dann einerseits mit einer gewissen Ohnmacht gegenüber destruktiver weltlicher Macht zu tun, die in der Passion endet. Zugleich aber wird ein Zeichen gegeben für die Allmacht der Liebe, wenn Menschen diese zulassen. Siegen durch Güte, Siegen durch Vergebung, Siegen durch Hingabe – wie das Wasser, das mit der Zeit selbst den harten und scharfen Stein abzuschleifen und zu runden vermag.

Die Logik der Liebe lehrt, dass Frieden immer nur durch Frieden erlangt werden kann, Gerechtigkeit nur durch Gerechtigkeit. Das ist die uns zugewiesene Rolle: Liebe, Schutz und Fürsorge in die Welt zu bringen, auch wenn es weiter schutzlose Bereiche und unbegreifliches Ausgeliefertsein geben wird. Selbst himmelschreiendes Unrecht auf der Welt darf dieses Rollenverständnis nicht außer Kraft setzen, sonst landen wir, wie fast immer in der Geschichte, unweigerlich bei dem als Methode, wogegen die Liebe doch aufbegehrt. Man nennt das dann „Gerechten Krieg" oder „Heiligen Krieg" und die Schlächter „Gotteskrieger".

Ist dies das Ende von bittender Anrufung und Gebet und einer Hoffnung, die sich aus anderer Dimension nährt als der rein menschlichen? Mitnichten. Aber vielleicht sollte stärker bewusst sein, dass Anrufung, Gebet und Hoffnung sich an eine andere Wirklichkeit richten als die uns begegnende äußere Welt. Denn diese hat ihre eigenen, vom Menschen gemachten Gesetze, welche auch nur von ihm gestaltet werden können.

Dass eine nach unseren Bedürfnissen konstruierte allmächtige Gottheit jenseits des Schöpfungsurgrunds nicht existiert, heißt selbstredend nicht, dass es kein Absolutes und keine geistigen Mächte gäbe. Aber diese wirken eben auf der Ebene des Geistigen, der Berührung im und durch den Geist und durch das, was er zeichenhaft verursacht. Resonanzfähigkeit und Resonanzbereitschaft sind für entsprechendes Erkennen die Voraussetzung. Dazu gehört aber auch die Bereitschaft, die Geister zu unterscheiden.

Geistig geführt, entscheidet der Mensch an der Rampe von Auschwitz über sofortigen Tod oder Arbeit als Vernichtung. Geistig geführt, löst der Pilot über Hiroshima die atomare Bombe. Geistig geführt, gibt Mutter Teresa ihr Leben für Arme und Kranke. Geistig geführt, geht Jesus seinen Weg der Heilung, der Passion und der Auferstehung.

Wes Geistes Kind also bist du, Mensch? Was lässt du zu? Worauf richtest du dich aus?

Die sehnsuchtsvolle innere Zuwendung zum Gottesimpuls der Schöpfungsliebe reicht. Deren Allmacht wirkt, wenn auch oft mit langsam mahlenden Mühlen und mit dem Menschen selbst als Träger. Darin liegt ihre Wahrheit. Sie trägt. Durch jegliches Karfreitagsgeschehen hindurch. Zu dem hin, was wir Ostern nennen. Es ist die Quelle zum Licht.

## Segen sein

Im Segen wohnt Heil. Menschen wird Gutes zugesprochen, Gedeihen, Erfüllung, Schutz und Bewahrung erbeten. So deutet es bereits der lateinische Ursprungsbegriff *benedictio* an, der abgeleitet ist von *benedicere*, zusammengesetzt aus „gut" *(bene)* und „sprechen" *(dicere)* – also von jemandem gut sprechen, jemandem Gutes zusprechen. Über das im engeren Sinne Religiösen hinaus hat der Segen längst seinen Platz in der Alltagswelt gefunden: „Ich wünsche dir eine gesegnete Zeit." „Segen sei mit dir und begleite dich auf deinen Wegen."

Wie sich das dann in einer auf Nützlichkeit hin ausgerichteten Welt aber schnell ereignet, widerfahren dem Segen und dem Segnen ihre mehr oder weniger beliebigen Instrumentalisierungen bis hin zum erschreckenden Missbrauch. Da werden nicht nur Menschen in Krisensituationen, Säuglinge oder Paare gesegnet, sondern auch Geschäfte, Autobahnabschnitte, Motorräder und Waffen.

Von solchem soll hier nicht die Rede sein. Vielmehr verdient genaueres Hinschauen, was die Kraft und manchmal auch den Zauber des Segens und der Segnung ausmacht.

Wie es im Buch Genesis 1,28 heißt, endet die Erschaffung des Menschen, von Mann und von Frau, mit deren Segnung durch ihren Schöpfer. Der Ausgangssegen also begründet die nun beginnende eigentliche Menschwerdung, die keinen Endzustand kennt und die getragen wird von der spannungsgeladenen Beziehung zwischen Mensch und Gott. Es ist vor allem der Segen, der Bindung herstellt in dieser Beziehung. Als Energie und als Versprechen füllt er den verbindenden Raum zwischen Immanenz und Transzendenz, dem Diesseitigen und dem Jenseitigen, zwischen „Himmel" und Erde.

Den Segen geben und empfangen wir als Geist durch unseren Körper. Er bedient sich eines körperlichen Ausdrucks. Ausgebreitete

Arme und Hände umfassen gleichsam den Raum, den der Segen ausfüllt. Die aufgelegte Hand dient als Medium der Übergabe fließender Energie aus einem in einen anderen Leib. Worte tragen die segnende Botschaft und füllen als Klang den Raum, der den gesegneten Menschen umgibt. Alle Dimensionen und alle Himmelsrichtungen werden dabei mitbedacht, wie das etwa im segnenden Zeichen des Kreuzes zum Ausdruck kommen will.

Doch Segen kommt im Alltag auch ohne große Worte und ohne raumgreifende Gesten aus – als Botschaft in die Stille, gerichtet auf anderes Leben. So kann ein Segen in vertrauender Haltung bewusst empfangen und aufgenommen werden; er kann aber auch auf einem Menschen ohne dessen Wissen und ohne entsprechendes Bewusstsein ruhen.

Der Segen ist erbetener Zuspruch aus einer anderen Dimension. Hat ein Mensch Zugang dazu und ein darauf bezogenes Vertrauen, schenkt er Kraft, begleitet auf den wechselnden Pfaden des Seins. Gerade an den Übergangsschwellen auf unserer Lebensreise wird er zum vielleicht wichtigsten Elixier: beim Eintritt in das irdische Sein, den folgenden unterschiedlichen Lebensabschnitten, bei partnerschaftlicher Bindung, einer Trennung, im Durchleben einer Krankheit und auch im Voranschreiten zum Tode hin.

Der Segen wird zumeist als geistige Energie gedacht, vermittelt durch einen Menschen. Doch auch ein Mensch selbst kann für andere ein Segen sein und manchmal engelgleicher Begleiter. Im Spenden von Trost, der Ausstrahlung von Ruhe und Kraft, ja einfach in der Präsenz mag er ein Leben stützen, das gerade von Sorge, Trauer, Schmerz, Orientierungslosigkeit oder dem Gefühl von Verlorenheit und Einsamkeit überlagert wird.

## Von guten Mächten

„Von guten Mächten" – diese drei Worte sind untrennbar mit dem Theologen und Widerstandskämpfer Dietrich Bonhoeffer (1906–1945) verbunden. Sie stammen aus einem Gedicht, das er im Advent 1944 aus der Gestapo-Haft für seine Verlobte, Maria von Wedemeyer, schrieb. Es hat sieben Strophen, mit der letzten:

> *„Von guten Mächten wunderbar geborgen,*
> *erwarten wir getrost, was kommen mag.*
> *Gott ist bei uns am Abend und am Morgen*
> *und ganz gewiß an jedem neuen Tag."*

Der dem Gedicht beigefügte Brief spricht viel von der Einsamkeit in der Gefängniszelle und dem Alleinsein: „Es ist, als ob die Seele in der Einsamkeit Organe ausbildet, die wir im Alltag kaum kennen. So habe ich mich noch keinen Augenblick allein und verlassen gefühlt (...) Es ist ein großes unsichtbares Reich, in dem man lebt und an dessen Realität man keinen Zweifel hat. Wenn es im alten Kinderlied von den Engeln heißt: ‚zweie, die mich decken, zweie, die mich wecken', so ist diese Bewahrung am Abend und am Morgen durch gute unsichtbare Mächte etwas, was wir Erwachsenen heute nicht weniger brauchen als die Kinder."

Die Unterscheidung zwischen Einsamkeit und dem Gefühl des Alleinseins ist von großer Bedeutung. Einsam sein, einsam leben, wie Bonhoeffer in der Gefängniszelle oder auch bewusst gewollt, wie ein Eremit des Alltags, das geht. Wer sich alleine fühlt, unterliegt demgegenüber einer mehrfachen Illusion.

Denn immer leben wir in wechselseitiger Verbundenheit mit allem Sein (*interbeing*). Trennung kann so als Täuschung eines in sich selbst eingekerkerten Bewusstseins gesehen werden.

Unsere Innenräume erschließen eigene Welten, zu denen wir genauso Verbindung herstellen und halten können wie zu unzähligen Personen und Personengruppen, die lediglich nicht physisch präsent sind. Es ist eine Frage des entsprechenden Erkennens und Bemühens.

Schließlich ist der Mensch eingebettet in das Reich der geistigen Welt, der Mächte, auf die ich mich ausrichte. Wie bei jeder Beziehung und wie bei jedem Resonanzraum bedarf dieses Feld der Pflege, einer gewissen Konstanz, ja Treue. Die kontemplative Haltung führt dabei, und sie hält auf dem Weg.

*„Wenn sich die Stille nun tief um uns breitet,*
*so laß uns hören jenen vollen Klang*
*der Welt, die unsichtbar sich um uns weitet ..."*

Das Unsichtbare ... Mit großer Demut und zugleich Vertrauen kann ihm der Mensch begegnen. Dies muss immer wieder in eine Welt gesprochen werden, deren kalte Augen einer sogenannten Rationalität nur das für existent und wahr erklären, was als Materie zu greifen und zu messen ist. Wer sich versagt, die Gewissheit des Unsagbaren als Geschenk anzunehmen und entsprechend zu würdigen, versagt sich die Seinstiefe.

Die Beziehung zur geistigen Welt und die Ausrichtung auf die guten Mächte bewahren den Menschen vor so mancher existentiellen Täuschung. Dies gilt besonders für die heutige Zeit, die als heillos verfangen in einen materialistischen Blick beschrieben werden kann. Dieser Blickweise auf die Welt entgehen wesentliche Unterscheidungen und Einsichten. Das meint vor allem das Erkennen dessen, was wirklich Stabilität und Halt gibt und die Seele trägt, in Differenz zu all jenem, was sich als fragil, marode, bodenlos und dem Verfall anheimgegeben erweist.

Der Jesuit Alfred Delp (1907–1945), Zeit- und Leidensgenosse von Dietrich Bonhoeffer und ebenfalls im Widerstand gegen das Hitler-Regime aktiv, den er mit dem Leben bezahlte, brachte das in außerordentlicher Klarheit auf den Punkt: „Es fehlt vielleicht uns modernen Menschen nichts so sehr als die echte Erschütterung: wirklich da, wo das Leben fest ist, seine Festigkeit zu spüren, und da, wo es labil ist und unsicher ist, und haltlos ist und grundlos ist, das auch zu wissen und das auch auszuhalten. Das ist vielleicht die allerletzte Antwort auf die Frage, warum uns Gott in diese Zeit geschickt hat und warum er diese Wirbel über die Erde gehen lässt und warum er uns so ins Chaos hineinhält und ins Aussichtslose und ins Dunkle und warum von all dem kein Ende abzusehen ist: weil wir in einer ganz falschen und unechten Sicherheit auf der Erde gestanden haben."

Es ist, als wäre es in die Jetzt-Zeit gesprochen. Was bleibt?

*„Von guten Mächten wunderbar geborgen,*
*erwarten wir getrost, was kommen mag ..."*

# Gnade

Gnade gehört zu den Begriffen, die aus der Mode kommen oder besser: sich im Wahrnehmungsraum kultureller Selbstverständlichkeiten langsam auflösen. „Gnade vor Recht" ergehen lassen – das mag sich als Bedeutung noch halten. Sie als Wesensgrund des Seins schlechthin zu verstehen, grenzt an Unverständnis in einer Zeit, der es beigegeben ist, das Leben mit all seinen Möglichkeiten nicht nur als unhinterfragt anzusehen, sondern einen Anspruch darauf zu reklamieren.

Was meint Gnade? Dem Menschen widerfährt ein Wohlergehen ohne eigenes Zutun. Es kann nicht eingefordert, nicht einmal erwartet werden. Gnade entzieht sich der Verfügbarkeit. Sie tritt in die Existenz wie ein unvorhergesehenes, überraschendes Geschenk. Einfach so. Das kann sich im Rechtssystem, auch in Herrschaftsverhältnissen ereignen oder zwischen sich nahen Menschen. Gemeint ist damit vor allem jedoch die fürsorgliche Zuwendung des Göttlichen zum Irdischen hin – wie immer sich dieses Zugewandte dann auch darstellen mag. Die Empfindung der Vergebung, die Erlösung von untragbarer Last und Beschwernis, die Erfahrung von nicht für möglich gehaltener, weil unverdienter Barmherzigkeit.

Gnade findet Ausdruck und Vollzug durch eine andere Person; sie kommt als unverhoffte, segensreiche Begegnung oder inmitten eines Beziehungsgeschehens. Als Gnade aber können wir vor allem das Sein an sich betrachten. Das Geschenk unseres Planeten mit seinen unzähligen Lebenswundern und Schönheiten, darunter die eigene Existenz. Leben zu dürfen. Sich zu freuen, zu genießen, Erfahrungen zu durchstehen, zu leiden, auszuhalten, sich immer wieder neu zu erheben ... Was kann es Größeres geben?

Und dann gehst du durch die Welt mit offenen Augen und Ohren und siehst und hörst die Menschen sich beklagen, herumjammern über dieses und jenes, Unzufriedenheit signalisieren – denn alles könnte ja noch besser sein. Wo das Leben so verkannt wird, fehlt eine Urregung menschlichen Bewusstseins, nämlich Gnade als solche erkennen zu können. Dazu gehört die Einsicht, dass Gnade sich nicht nur in süßem Konfekt zu erkennen gibt, sondern gelegentlich auch in bitterer Medizin.

Das Gnade genannte Heilshandeln aus dem Raum des Absoluten und aus der geistigen Welt ist eine Umschreibung für das Beziehungsband zwischen dem Göttlichen und dem Menschlichen. Letztlich ist es eine Antwort auf die Gottessehnsucht und Ausdruck einer entsprechenden Resonanz. Rationaler und sich auf evidente, kausale Ursachen- und Wirkungszusammenhänge beschränkender menschlicher Geist wird das allerdings nie so sehen und verstehen können. Denn es will empfunden und in einem gewissen Maße auch geglaubt sein. Geschieht dies jedoch, wird sich ein Mensch des Gnadenhandelns und seiner eigenen „Rolle" dabei bewusst, so kann er verstehen, dass Resonanz ein wechselseitiges Geschehen und er bis zu einem gewissen Maße Mitwirkender ist. Das erst bringt seine Freiheit zur Vollendung – als Freiheit zur verantwortungsbewussten Partizipation am Heilsgeschehen auf der Erde. Jesu Lebensweg ist dafür das Exempel – wie auch der so vieler „heilig" genannter Menschen in den unterschiedlichsten Traditionen und Religionen.

Partizipation am Heilsgeschehen kann als Verpflichtung und Bringschuld bezogen auf die Gnade des Ursprungs und die folgenden unzähligen Gnadenakte gesehen werden. Zu diesen sind auch die Gabe des Evangeliums und der Heiligen Schriften insgesamt zu rechnen. Und diese wiederum enthalten die entscheidenden Hinweise für menschliches Gnadenhandeln – wenn wir etwa an die Seligpreisungen im Matthäus-Evangelium denken. Das dadurch Ausgelöste und Bewirkte zielt auf Veränderung durch Klarheit. Billige Gnade als Toleranz jedem und allem gegenüber ist damit wahrlich nicht gemeint.

## Jemand

Jemand muss warten und da sein,
wenn du uns suchst.

Jemand muss still sein,
wenn die Flammen das Land verschlingen,
und hören, was du uns sagen willst;
ein brennender Dornbusch
reicht nicht mehr für unsere Aufmerksamkeit.

Jemand muss wach sein,
wenn die Fluten kommen,
und die wahre Bedeutung des Regenbogens
und seiner Farben wieder verstehen.

Jemand muss mit Kain unterwegs sein,
bevor er auf Abel trifft.

Jemand muss die Kerze halten,
wenn die Gottesfinsternis
in unseren Herzen
sich weiter ausbreitet.

Jemand muss sitzen,
oben auf dem Berg,
und deine Zeichen deuten,
die du gibst,
unten im Tal des Lebens.

Jemand muss die Augen der Seele öffnen,
um die Himmelsleiter zu sehen,
auf denen die Engel
zu uns gelangen wollen.

Jemand muss standhaft sein
inmitten des Orkans der Wandlung,
und ausharren
ohne zu klagen.

Jemand muss die Karawane führen
und die Wüste durchqueren,
bis er den Brunnen findet.

Jemand muss hinaufsteigen zu den Wolken,
die den Gipfel verhüllen
und die verlorenen Gebotstafeln suchen.

Jemand muss schreien,
wenn in den Ställen und Schlachthöfen
den Tieren die Würde genommen wird.

Und jemand muss weinen,
wenn deine Geschöpfe
den Götzen des Habens
geopfert werden.

Jemand muss Hütten bauen,
wenn die Babeltürme
des Kapitalismus zerbrechen;
denn in ihnen
wird das neue Leben geboren.

Jemand muss trösten
und heilen können,
wenn die alte Erde vergeht.

Und jemand muss dann singen
und tanzen
auf dem Weg
des Hindurch.

# Vita contemplativa

# Stilles Zuhause

„Aber das Wehende höre, / die ununterbrochene Nachricht, die aus Stille sich bildet", heißt es in den Duineser Elegien von Rainer Maria Rilke.

Stille ... das Universum dieser tiefen inneren Stille. Es liegt jenseits einer Tür, die dem äußeren Auge verborgenen ist. Ein anderes Wort dafür ist Heimat. Für einen Moment kommst du zu Hause an und weißt von nun an, dass dieser weite Raum immer für dich offen und dass er unzerstörbar ist. Vielleicht klingt das fremd für einen Menschen, der in der Vorstellung und der Empfindung lebt, dass das, was uns an Äußerem umgibt und worin wir unser vorüberstreichendes Leben füllen, auch unser wahres Zuhause sei. Solche Fremdheit kann sich auflösen, wenn zu den äußeren Wegen des Lebens und den Wegstationen in Kultur und Gesellschaft eine Offenheit für die Innenwege hinzutritt; gepaart mit der Sehnsucht und Bereitschaft, sie in den Landschaften der Seele zu suchen und dann zu begehen.

Das Vergängliche und jederzeit vom Tod Bedrohte mag gelegentlich Rastplatz sein auf dem irdischen Weg. Es schenkt ja auch Orte der Besinnung, des Durchatmens und des Wohlbehagens, bevor wir weiterziehen und die Orte sich selber ändern, irgendwann vergehen. Manchmal mag es vorkommen, dass man sich wie in einem Schauspiel wähnt, einem gewaltiges Lebensdrama zwischen Komödie und Tragödie. Die Kulissen auf der Bühne werden dabei von dem errichtet, was wir Kultur nennen. Sie spendet auch jene Sinnbilder und Texte, die wir zeitlebens lernen, verinnerlichen und in Rollen einpassen, die wir spielen – zumeist zugewiesen, selten wahrhaft selbstbestimmt. Gewiss, die Wahl der Masken und der Gewänder und auch die Weise, in der wir unsere Lebensprogramme und Charaktere zwischen gut und böse füllen und bespielen, geben reichlich Raum zur Entfaltung. Doch Bühne bleibt Bühne und Freiheit reduziert sich dann schon einmal auf die einer Lokomotive im Schienennetz.

Für das Identitätsgefühl einer Schauspielerin, eines Schauspielers, die immer Gefahr laufen, ihre voller Inbrunst gelebte Bühnenexistenz als letzten Sinn und letzte Wirklichkeit zu verkennen, mag das reichen. Zumindest bis Bruder Tod ihnen winkt. Doch wer die Kulissenwelt einmal durchschaut hat, beginnt vielleicht auf die leise, aber dringlicher werdende Stimme der Sehnsucht in seinem Inneren zu hören. Als Spannungsbogen zwischen *schon jetzt* und *noch nicht* möchte sie inmitten des Lebens mit dem verbinden, woher wir kommen und wohin wir wieder gehen werden. Der Fremdheit und damit dem Gefühl der Verbannung zumindest eine Weile lang zu entkommen, dafür trägt sie Versprechen und Gewissheit in sich. Wer ihren Ruf erhört, dem weist sie den Weg nach Hause. Die kristalline Klarheit, die mit der Stimme der Sehnsucht klingt, erschüttert. Auf Dauer hält ihr keine Illusion irgendeiner Kulissenwelt stand. Vertröstung mit dem Vorläufigen und Bedingten verliert Charme und Wirkung.

Damit tritt wieder die Stille, die hinter einer bloß äußeren Ruhe liegt, ins Spiel. In ihr öffnet sich das Tor der Sehnsucht. Es gibt den Blick frei auf das formlose Wesen der Dinge. Nur durch Sehnsuchtsenergie und Absichtslosigkeit wird man seiner gewahr. Körperlich-seelisch verbindet es sich mit der Empfindung von Geborgenheit. Du brauchst nichts mehr zu spielen, dich nicht einmal mehr begründen!

Im Reich der Stille weht den Menschen manchmal etwas an. Es stammt nicht aus dem Meer der Gedanken, kommt vielmehr aus einem vorgedanklichen Raum. Was sich da regt, fließt aus einer anderen Dimension, auch wenn wir Gefahr laufen, es gedanklich sofort einzukleiden und zuzuordnen in der Sprache und den Bildern der äußeren Welt. Doch solche Erklärungen reichen nicht mehr, wenn ein Licht berührt, das die Seelenenergie nährt und den Gottesfunken am Glimmen hält. Der Mensch sieht sich getragen durch einen Urgrund jenseits seiner Vorstellungen, Ideen, Projektionen oder Fluchtwelten.

Immer wieder zieht diese Erfahrung in die Stille. Daraus erwächst ein aufrechter Gang, fernab aller Anfechtungen. Die Rolle auf der Bühne des Lebens erfährt eine neue Interpretation. Denn es ist Ahnung und Gewissheit von einer Anderswelt entstanden, die nicht in einer Ferne liegt, sondern in der wir ja bereits sind und in der wir jederzeit bewusst leben können.

## Äußere und innere Heimat

So wie für das deutsche Wort *Sehnsucht* ist es auch für *Heimat* schwer, in anderen Sprachen eine rechte Entsprechung zu finden. Doch haben wir es hier sicherlich mit keiner dem deutschen Sprach- und Kulturraum vorbehaltenen Empfindungstiefe, die sich in diesen beiden Worten auszudrückt, zu tun. Vielmehr scheint es um eine allgemeine menschliche Seelenregung zu gehen, die sich in diesen innerlich tief zusammenhängenden Worten auf Ankommen und Angenommensein, auf Heil und Heilung richtet; auf die Suche nach Geborgenheit und Sicherheit; auf einen „Raum", dem ein Mensch sich zugehörig fühlt, ohne das und vor allem ohne *sich* begründen zu müssen.

*Heimat* kann eine Landschaft sein, eine Stadt, ein Zuhause, ein beruflicher „Ort", ein Mensch, eine Familie, eine weltanschauliche Gruppierung ... Manchmal sind es sinnliche Wahrnehmungen wie Geräusche oder Gerüche, die sie uns erinnern und spüren lassen. Sie kann sich aber auch als ein im Menschen lebender innerer

Sehnsuchtsraum öffnen. Und beides, das sogenannte Äußere und das sogenannte Innere, vermag sich zu verbinden, etwa an einem heiligen Ort oder in einer Landschaft der Seele.

Entsprechend offen stellt sich der Deutungsgehalt dar, der in jedem einzelnen Menschen eine je eigene Ausprägung erfährt. *Heimat* schreibt nichts fest. Es geht um Suchen, Finden, Verlust, Wandel, Wiederentdeckung. Von den Kindheitstagen her kommend, formt der persönliche Schicksalsweg den Rahmen für das, was als Vorstellung, Gefühl, Erinnerung und Traum in uns lebt. Breitet es sich in einem Menschen aus, so sind in diesem Moment seelische, körperliche und Herzempfindungen miteinander verbunden. Sie erfüllen eine Person.

So lebt *Heimat* als offener Prozess in uns, als Frage und Verheißung. Und auch wenn in dem Gefühl vieles sich zusammenfindet, so hat sie doch eine äußere und eine innere Seite. Die äußere Heimat kann zerbombt, zersiedelt, zubetoniert werden – so weit, dass der Wiedererkennungs- und Wiederempfindenswert zerrinnt und verblasst, ja sich auflöst. Aus meiner äußeren Heimat kann ich vertrieben werden. Menschen können mich verlassen. Es bleibt nur die Erinnerung an eine Empfindung. Heimat lebt dann lediglich noch als Idee von etwas Vergangenem weiter, wie bei vielen alten und dem Tode nahen Menschen.

Der Wesenskern der inneren Heimat ist demgegenüber in seiner Tiefe unverwundbar. Jederzeit kannst du ihn aufsuchen. Er geht nicht verloren, auch wenn er sich wandelt. Er hat viel mit dem zu tun, was wahre Identität genannt wird.

Die bewusst aufgesuchte Stille weist den Weg in die innere Heimat, der Atem führt. Dies ist seit Jahrtausenden die große Weisheit aller kontemplativen Schulungen. Was meint das?

*Kontemplation* steht dafür, eins zu werden *(con)* mit dem Innersten, dem Heiligsten *(templum)*, dem namenlosen Grund, dem göttlichen Bereich. Es ist ein Weg jenseits von Dogmen und jenseits von Theologie. Jeder Mensch soll ihn gehen können. Kontemplation, die wesenhafte tiefe Stille, führt in diesen überzeitlichen Heimatraum. Vom äußeren, gefesselten Sein zum inneren „Königreich".

Unser Leben ist ein Hindurch. Es fließt in unendlichen Schattierungen zwischen dem Licht der Weihnacht und dem Dunkel der Seele, zwischen Golgatha und Auferstehungsgeschehen, zwischen Anfechtung und Standhaftigkeit. Die kontemplative Bewegung erdet dabei und sie schafft den Raum für die Berührung durch den Geist der Liebe und der Klarheit. In jener inneren Heimat erwartet uns nicht Leere; im Gegenteil. Sie führt zur Fülle, die den Menschen in potentiell jedem Moment als Geist der Geborgenheit, als mütterliches Angenommensein umgibt. Es ruht alles in ihr. Auf jeweils unsere Weise nehmen wir diese Heimaterfahrung wahr. Jede und jede Einzelne ist einzig. Vor allem aber: Mit jedem bewussten Atemzug können wir alles Äußere abstreifen und uns auf die Reise nach Innen begeben.

## Die Unschuld der Stille

Für so manchen Zeitgenossen wirkt sie unheimlich. Da ist kein Futter für die ausgetretenen Wege der Gedankenlabyrinthe, kein Anstößiges, um sich aufzuregen und ins sofortige Urteilen zu gehen. Kein äußerer Reiz lockt, kein unruhiges, manchmal voyeuristisches Spiel der Augen; keine ablenkenden Töne. Die Fülle der Stille hat keine Ecken und Kanten, keinen Überfluss an Phänomenen, die Aufmerksamkeit beanspruchen.

Man kann von der Zeit, in der wir leben, auch als von derjenigen sprechen, die der Stille zum Feind wurde. Sie erträgt sie nicht. Die dünne zivilisatorische Haut trägt Brandzeichen aus dem Krieg gegen die Stille. Sie darf nicht sein – so zweckfrei, geldfremd und ehrlich wie sie manchmal ist, vorausgesetzt, man spannt sie nicht für einen Nutzen ein, etwa als meditatives Geschäftsmodell.

Zweifellos ist die Stille eine Herausforderung. Man muss ihr gewachsen sein. Und wer das nicht bereits in jungen Jahren als etwas Selbstverständliches erfahren hat, dem wird es zu einem langen Schulungsweg, zu einem engen Pfad der Einübung. Keine Meditations-App kann ihn verbreitern. Man muss sie von innen her wollen und sich mit Hingabe und Übung auf die Suche und in Resonanz begeben.

Geschützte Orte wie Kirchen oder Friedhöfe führen nicht von vornherein in die Erfahrung der Stille, wenn der Mensch zunächst nicht still in sich ist, in sich ruht, von Sehnsucht getragen. Dann allerdings kann sie auch im diffusen Lärm der Großstadt gefunden werden, strahlt aus dem Hintergrund des Unsagbaren und füllt die Leere, die hinter den Fassadenwelten und Ablenkungsmaschinen lauert.

Was aber nun meint *Stille* überhaupt? Ist nicht das *Wort* die Königsdisziplin im Sein des Homo sapiens – und besonders des christlichen? Gewiss, am Anfang war das Wort, wie es im Prolog des Johannes-Evangeliums heißt. Die Frage dabei aber ist, was man als „Anfang" setzt. Und war nicht vor dem Wort die Stille? So lesen wir im biblischen Buch der Weisheit: „Als tiefes Schweigen das All umfing und die Nacht bis zur Mitte gelangt war, da sprang dein allmächtiges Wort vom Himmel" (Weisheit 18,14–15).

Auch wenn die Sprache für das die Menschen miteinander Verbindende steht und das Gespräch erst Gemeinschaft konstituiert – es ist die Stille mit ihrer Unschuld, die das potentielle Wort im Vorraum des Aussprechens reinigt, klärt und ggf. auch verwirft. So mag sie vorbeugen, dass nicht aus dem Gespräch Auseinandersetzung wird und damit ein Auseinander einhergeht statt Communio.

Stille ist mehr als nur eine Pause zwischen Gesprächen, Ruhe in der Nacht oder betroffenes Schweigen. Sie hat ihren Eigenwert. So wie der Wald seinen Eigenwert hat und nicht nur mit den Augen des Holzhändlers, der Försterin oder des Spaziergängers gesehen werden will. Stille ist mehr als das Verstummen der Stimmen, wie es uns etwa in der gesammelten, erwartungsvollen Wortfreiheit vor dem ersten Klang des Orchesters im gefüllten Saal begegnet.

Wesenhafte Stille, die sich besser als „Stille hinter der Stille" bezeichnen ließe, führt in einen alles umfangenden Raum, dessen Tiefe in Resonanz mit der eigenen Seelentiefe gehen kann – vorausgesetzt, diese ist entschlackt und frei; sie berührt im Kern ihrer ursprünglichen und unzerstörbaren Unschuld. Dann liegt die Stille wie ein verborgener See, wie eine unsichtbare Dimension inmitten der Vita activa.

Gott und auch der Tod – sie leben in der Stille, fern von Worten und deren Beschreibungsbemühungen. So liegt in der Stille immer ein Sterben und die Geborgenheit des Absoluten zugleich. Keine Sprache, kein Begriff, kein Gedanke ist dem hinlänglich gewachsen. In diesem Reich des Unsagbaren ruht das große Geheimnis, das Heilige, das Ehrfurcht gebietende *Mysterium tremendum*. Was sollte da zu stammeln sein? Nur Unschuld oder besser: die Haltung der Unschuld kann hier bestehen. Verstummend zieht sich alles zurück, was auf der Bühne des Lebens nach Ausdruck sucht. Bedeutungen lösen sich auf, genau wie Zuordnungen und Bewertungen. Sie verblassen bereits am Rande der Stille, im ergriffenen Schweigen des Menschen. Dieses Schweigen ist zwar nicht identisch mit der Stille. Aber es führt an die Schwelle.

Stille allein ist dem Geheimnis des Glaubens gemäß. So wie es im Psalm 37,7 heißt: „Sei stille dem Herrn und warte auf ihn." Gerhard Tersteegen ergänzt in einem Liedtext: „Gott ist in der Mitte. Alles in uns schweige ..." In den kultischen Vollzügen der

Religionen scheint dies in Vergessenheit geraten. Stattdessen Worte über Worte. Vielleicht, weil man Angst davor hat, was die Stille Unkalkulierbares mit den suchenden und hoffenden Menschen macht. Vielleicht aber auch, weil manchen Liturgen selber die Stille fremd ist und sie ihr deshalb mit Unsicherheit und Argwohn begegnen. Für das Wort hat die Stille unermessliche Bedeutung. Es regeneriert sich in ihrem Feld. Geklärt und gereinigt wird es essentiell. Eine Aura des Ewigen haftet an jenen Worten, die aus tiefer Stille in das Licht der Phänomene treten. Sie sind autoritativ von innen her.

Wo für die einen Stille sich als der Grund des Seins offenbart, ist es für andere eher ein Abgrund. Doch als Abgrund kann sie nur da gesehen werden, wo das Plateau des Alltäglichen absolut gesetzt wird, verbunden mit der fehlenden Bereitschaft, das Wesentliche dahinter, daneben und darüber hinaus wahrzunehmen und es bestehen zu lassen. Die essentielle Stille können wir aus der Tiefe unseres Herzens ersehnen, nicht aber durch bloßes Wollen ergreifen. Sie lässt sich nicht zwingen, in kein Um-zu pressen. Das bloße Sein reicht; das unschuldige, nackte Da-Sein, ohne Zwang zum Wollen und zum Haben, aber erfüllt von Sehnsucht. Dann ist es wie ein Hinabsinken – durch das Schweigen und die ihm folgende Ruhe hindurch zum Grund, wo die Stille wartet. Unvermutet treten wir in sie ein, und sie umhüllt uns, wie ein Lächeln.

## „Ich fürchte mich so vor der Menschen Wort ...“

„Ich fürchte mich so vor der Menschen Wort“, beginnt ein Gedicht von Rainer Maria Rilke. Denn nur zu oft kennen Menschen keine Zurückhaltung, keine Scham und keine Ehrfurcht. In den Worten Rilkes:

*„Sie sprechen alles so deutlich aus:*
*Und dieses heißt Hund und jenes heißt Haus,*
*und hier ist Beginn und das Ende ist dort.*

*Mich bangt auch ihr Sinn, ihr Spiel mit dem Spott,*
*sie wissen alles, was wird und war;*
*kein Berg ist ihnen mehr wunderbar;*
*ihr Garten und Gut grenzt grade an Gott."*

Wie viel mehr als noch zu Rilkes Zeiten gilt dies in der Gegenwart. In dem Lärm, der uns allenthalben umgibt, dem Klang- und Bilderstrom, der das Wahrnehmungsuniversum überlaufen lässt. In dem sinnlosen Gerede und den endlosen Wiederholungen, bloß, um nicht schweigen zu müssen; bloß, um nicht mit der eigenen inneren Leere und Unruhe konfrontiert zu werden.

Alles wird benannt. Und jede Benennung ist immer auch Trennung. Sie grenzt ab, reklamiert und fordert das Eigensein. Nicht, dass auf die Benennung verzichtet werden könnte. Aber es braucht Um- und Vorsicht. Kommunikation will und soll verbinden, nicht spalten. Sie will dem Eigensein gerecht werden in einer Welt voller wunderbarer Einzigkeiten und nicht durch Urteile und Bewertungen voreilige Gewissheiten streuen; nicht Pauschalisierung an die Stelle behutsamer Differenzierung setzen.

Wie viele undurchdringbare Mauern errichten Worte, Gesten und Bilder vor einem scheuen Blick, der dem Geheimnisvollen in der Welt mit Respekt begegnen möchte:

*„Ich will immer warnen und wehren: Bleibt fern.*
*Die Dinge singen hör ich so gern.*
*Ihr rührt sie an: sie sind starr und stumm.*
*Ihr bringt mir alle die Dinge um."*

Missverstehen wir das nicht als eine Absage an freudvolle Kommunikation und an manchmal überschäumende Wortfülle. Es geht um Bedacht! Denn jedes Wort hat Folgen und kann nicht ungeschehen gemacht werden.

So viel Ungefähres lebt in unserer Mitte, auch so viel Geheimnisvolles. Und vergessen wir nicht all jenes, das unseres Schutzes, vor allem vor uns selber bedarf. Hier können wir lernen, bedachter zu werden, ohne damit Zuwendung zu versagen. Allerdings handelt es sich dann um eine Weise der Zuwendung, die nicht egozentrisch interveniert, sondern mitklingt in der Melodie des Lebens. Behutsam nähern wir uns dem Zauber des Seins an, nicht nur, was dessen mannigfache Erscheinungsformen anbelangt, sondern die schöpferische Wesenheit selbst.

Dabei hilft eine Differenzierung und Verfeinerung der Sinne. Das Außen, wahrgenommen in seinem Reichtum, Abgründe inbegriffen, verändert mit dieser Wahrnehmung auch das Innen. In der Folge differenziert es die Sprache mit, die Wahrgenommenem einen Ausdruck leihen will. Letztlich spiegelt das gesprochene Wort ja die Bewegungen in unserem inneren Resonanzraum. Und so ist dessen Verfeinerung Voraussetzung für eine Wortbildung und Ausdrucksweise, die mehr meint als nur ein Sich-verständlich-Machen.

Beseelende Kommunikation sucht den absichtslosen Ausdruck, der nur beschreiben, ein Sprachbild zeichnen will, fern eines jeglichen Um-zu. Ohne Warum sei dann das Wort, so wie die Rose, von der Angelus Silesius spricht:

*„Die Ros ist ohn warum; sie blühet weil sie blühet,*
*Sie acht nicht ihrer selbst, fragt nicht, ob man sie siehet."*

Wie unendlich viel kann das menschliche Wort von der Natur lernen. Im Rauschen des Windes, dem plätschernden Wasser, den wispernden Blättern, den singenden Vögeln und dem Schweigen der Nacht spielt sie die reinste Musik. Auch wenn wir heute die Orte suchen oder vielleicht neu schaffen müssen, wo solche akustische Ursprünglichkeit nicht vom Lärm der Maschinen und dem besinnungslosen Singsang der medialen Apparate zerfleddert wird.

## Begegnung und Empfindung

Der Zustand auf unserem Planeten, die ausbeuterische Ignoranz des Menschen gegenüber Mutter Erde, hängen wesentlich mit der Unfähigkeit zusammen, das Leben als solches zu spüren. Da ist keine Empfindung für das Ganze und zugleich für seine Ausformungen in so unendlich vielen Gestalten. Wenn etwas so gedankenlos und damit letztlich verachtend behandelt wird, heißt das, dass der Zugang fehlt, dass man nicht berührt ist, keine Verbundenheit und Nähe wahrnimmt.

Ohne ihm das ankreiden zu können, liebt der Mensch die Erde, das Lebewesen, dessen Teil er selbst ist, nicht von innen her. Es ist ihm ein Außen, ein überwiegend Fremdes, oft nur bloßer Zweck. Er hat sich in seinem Selbstbezug, seiner Entfremdung und seinem konsumierenden Wohlbehagen eingerichtet. Vom Bewusstsein vielleicht als Notwendigkeit erkannt, ist für Seele und Herz die Verbindung zum Strom des Lebens noch verschlossen. Auch wenn man Liebe nicht zwingen, nicht verordnen kann: Durch Lernen, Einsicht und vor allem durch gesuchte Begegnung kann man sich ihrem Kraftfeld nähern. Vorausgesetzt, wir sind bereit, das Schloss zu den Sinnen hin zu öffnen, vermag sie sich dann in uns auszubreiten.

Ein Rassist wird nicht durch Moralpredigten oder Gesetze tolerant. Aber die direkte Begegnung mit dem Anderen, dem Fremden kann etwas auslösen. Sie vermag im besten Fall einen Zaun einzureißen, der aus evolutionär bedingter Abwehr, Unkenntnis, Erziehung und sozialem oder gesellschaftlichem Klima gezimmert war.

Die Begegnung führt ins Spüren. Die Annäherung weckt unsere Sinne. Und sinnliche Wahrnehmung kann manches Vorurteil brechen. Die Berührung unterstützt einen suchenden und öffnet möglicherweise einen verstockten Geist. Sie fügt der gedanklichen Innenwelt die innere Fühlwelt hinzu. So können sich rational Erkanntes und Empfindungswahrheit verbinden.

Nehmen wir als Beispiel das Sterben der Wälder. Wir haben verstanden, warum es sich ereignet und das auch verinnerlicht. Aber das Lebewesen Wald in seinem Vergehen spüren? Das Leiden der zurückgedrängten und vernichteten Lebensformen und Arten als eigenen körperlichen Schmerz wahrnehmen? Wenn in der Verwahrlosung „zivilisatorischer" Alltagsgestaltung dieses kindliche, unschuldige, reine Mitempfinden abhandengekommen ist, der Mensch diesen Schmerz nicht empfindet – haben wir dann noch eine andere Chance, als uns dem Energiefluss in der Natur bewusst auszusetzen und wieder durchlässiger zu werden?

Das allerdings lässt sich nicht „erdenken". Es erfordert eine Reinigung vom Gedankenmüll, durch den Weg in die Stille und den dahinterliegenden Empfindungsraum, durch kontemplative Praxis. Den Kopf befreien von den Trennungsgedanken und Abgrenzungsphantasien. Einssein und Nicht-Zweiheit nicht nur vom Intellekt her verstehen, sondern atmend in sie eintauchen, verschmelzen. Und heil, also ganz wieder auftauchen.

Es ist ein Erlernen von empfindender Hingabe an das Leben selbst, das uns doch überall begegnet – in jedem Halm, jeder Rose, jedem gefiederten Freund, jedem in einer der Tötungsfabriken gemarterten Schwein oder Rind; und nicht zuletzt in den zunehmend verschmutzten Elementen Erde, Wasser und Luft. In seinem Gedicht für Karl Graf Lanckoroński findet Rainer Maria Rilke wenige Monate vor seinem Tod angemessene Worte hinsichtlich der von uns geforderten Sensibilität:

> *„Das Leiseste darf ihnen nicht entgehen,*
> *sie müssen jenen Ausschlagswinkel sehen,*
> *zu dem der Zeiger sich kaum merklich rührt,*
> *und müssen gleichsam mit den Augenlidern*
> *des leichten Falters Flügelschlag erwidern,*
> *und müssen spüren, was die Blume spürt."*

Unsere Innenwelt ist mit allem ausgestattet, was wir benötigen, um in hoher Empfindsamkeit und Empathie dem gerecht zu werden, was Albert Schweitzer in seiner Grundformel der Lebensethik ausdrückte – nämlich „Ich bin Leben, das leben will, inmitten von Leben, das leben will". Solches Leben, in seiner unendlichen Vielfalt zusammengenommen, trägt den Namen der Göttin *Gaia, Erde* genannt. Wir sind ihre Kinder. Wir verdanken ihr ausnahmslos alles. Es wird Zeit, sich daran zu erinnern und sich auf den Weg zu begeben. Die Wunden versorgen, ein kleines Stück Boden heilen, dem anderen Leben Raum schaffen, sich selbst heilen ...

## Leere und Liebe

Die meditativen Schritte in die Stille werden in manchen Wegen und Schulen von der Aufforderung begleitet, den Gedanken und vordergründigen Empfindungen zu entkommen, ihnen vollständig zu entsagen.

Grundsätzlich ist dem auch nicht zu widersprechen. Schulungswege, die von tiefer innerer Überzeugung und vor allem langer

Erfahrung getragen sind, ruhen in einer eigenen Wirklichkeit. Und diese steht für sich. Doch bei der Frage des DU und damit der Wirklichkeit einer geistigen Welt scheint es mir notwendig, genauer hinzuschauen.

Wenn es einen tieferen Sinn der menschlichen Existenz gibt, so ist es der von liebender Präsenz und einer entsprechenden Entwicklung. Aus Liebe und aus einer in ihrer Energie stehenden Evolution gehen geistige Felder hervor, die dadurch zugleich Stärkung erfahren. Existentielle Liebe und ein entsprechendes liebendes Gefühl errichten zudem einen geistigen Raum in uns und sie vermögen uns immer wieder neu auszurichten. Taucht die Frage auf, „wohin" sie uns ausrichten, so dürfen wir die Antwort getrost schuldig bleiben. Es gibt keinen „Ort" und keine „Person" und entsprechend keine klärenden Begriffe. Es ist die Ausrichtungsenergie selber, um die es geht und die sich in Resonanz begibt mit einem geistigen, liebenden Universum, das sie zugleich immer wieder neu mit erschafft. Das, was wir die geistige Welt nennen, braucht die Kooperation mit dem Menschen, braucht seine Resonanzfähigkeit und eine entsprechende Bereitschaft. Ohne den Menschen und seine ihn tragende Sehnsucht wäre sie nicht bzw. verbliebe ein bewusst- und gestaltloser Urimpuls. Wohin auch sollte sie sich dann verströmen?

In diesem Bewusstsein in die Stille zu gehen meint, die Partnerschaft mit dem großen geistigen DU anzunehmen und zu füllen. Die Währung dieser Partnerschaft heißt Liebe. Allerdings ist es nicht bloß jene sentimentale Liebe auf der Ebene zwischenmenschlicher Begegnungen. Es geht um die große, die metaphysische Liebe, die „Gottesliebe", die „Schöpfungsliebe", die alles umfasst und zu durchdringen vermag.

Hier schließt sich der Kreis zur gegenstandslosen, gedankenentleerten, nüchternen Stille. Denn sie ist der Vorraum, durch den wir entschlackt das Energiefeld reiner Liebe betreten können. Von dort

in den Alltag des Lebens schreitend, schlägt diese Liebe Wurzeln –
zu jedem Leben hin, mit dem wir in Resonanz gehen.

## Einssein und Unterscheidung

Dass das Leben in seinen milliardenfachen Manifestationen dem
Einen, dem Urgrund entstammt und in ihm ruht, liegt als Einsicht
und Erfahrung allen bedeutenden spirituellen Wegen zugrunde.
Wir sprechen von diesen Erfahrungen, die sich auf die *eine* göttliche
Realität und die Nicht-Existenz einer wesenhaften Trennung von
Gott und der Welt oder von Gott und der Seele beziehen, auch als
Mystik. Jedem Menschen ist es grundsätzlich gegeben, in diese Er-
fahrung bewusst einzutauchen, ihr schlicht nur zu begegnen oder
von ihr *einfach so* erfasst und ergriffen zu werden.

Das Eine und Ursprüngliche, das Ungeteilte und Ungetrennte,
das Zuhause aller Wesenheiten ist der Ausgangspunkt und Ruf aller
wahren Sehnsucht. Der Begriff „Nondualität" spricht dieses Einssein an. Ihm steht die sogenannte „Dualität" gegenüber, ein Verständnis von Wirklichkeit, das auf Unterscheidung basiert. Auch
wenn es immer wieder mehr oder weniger krampfhafte Versuche
gibt, Dualität und Nondualität als Gegensatz zu konstruieren und
das Nonduale als spirituelle Ultima ratio auszuweisen – beide gehören untrennbar zusammen. Aus dem Einssein erwächst die Unterscheidung. Nur aus der Unterscheidung heraus kann ich wiederum
das Absolute und Ungetrennte überhaupt als solches empfinden
und erkennen. Wären Nondualität und Dualität ein grundlegender
Gegensatz, hätte das sich permanent differenzierende Universum
nie entstehen können, und es wäre nie irgendwo ein Bewusstsein
gereift, das sich solch luxuriösen Gedanken wie diesen hier hätte
hingeben können.

Weltsichten werden immer dann falsch, wenn ein Ismus entsteht, also eine dogmatische Verengung, die für sich Absolutheit in Anspruch nimmt. So auch beim Dualismus. In ihm wird die Erkenntnis von Unterschiedlichkeit zur der Behauptung, dass das als unterschiedlich Erkannte voneinander getrennt sei. Der Nondualismus konstruiert demgegenüber die reine Wirklichkeit als das Eine und Ungetrennte, dem eine Scheinwelt gegenübersteht, die auf Trennung basiert. Er ist in dieser Abgrenzung selbst der dualistischen Weltsicht verfangen, er spaltet – und das mit dem Argument der Einheit.

Nondualität und Dualität als Welt- und Seins-Wahrnehmungen bedürfen einander. Im besten Sinne erleben wir sie als ineinander verflochten, was konkret meinen kann: Aus der Metaperspektive des Lebens heraus spüren wir das Einssein und die allumfassende Verbundenheit; sie nimmt zugleich das sich Unterscheidende und die Unterscheidung selbst als außerordentliche Kostbarkeit und evolutionäre Vielfalt wahr, die wir leben und lebensdienlich gestalten sollen, im Einen ruhend.

Für eine erstrebenswerte Harmonie von Einssein und Differenzierung in Vielfalt bedeutet dies unter anderem eine neue Wertschätzung des „Du" auf unserem spirituellen Weg. Denn das Leben ist Beziehung, ist ununterbrochene Kommunikation, auch mit meinem wesenhaften Selbst, auch in der Tiefe der hingebungsvollen und formlosen Stille.

In Beziehung und als Beziehung nun wandelt sich das Einssein immer wieder zum DU, tritt uns als Leben inmitten von Leben gegenüber. Es berührt uns als *Du in mir und Ich in Dir*. So führt die kontemplative Versunkenheit im göttlichen Urgrund durch unsere Sehnsucht in ein Beziehungs-Du, das wir ansprechen, ja anrufen können in seiner Formlosigkeit – bis es wieder zerfließt in sein Reich. „Ich und der Vater sind eins", sagt Jesus (Johannes 10,30). „Du erkennst ihn nur durch mich." Der suchende Mensch begegnet dem Du und durch dieses Du hindurch erkennt er das Wesen, die letzte Geborgenheit, die ihn trägt.

Was bedeutet das nun für jene, die in Versunkenheit die Stille suchen, „die Stille hinter der Stille", wie es der Mönch und Mystiker Willigis Jäger (1925–2020) so trefflich formulierte?

In der Stille durchwandern wir die Welt der Unterscheidung, lassen sie für eine Zeitlang hinter uns und geben uns dem Unfassbaren und Einen hin. In ihm ist jedes Du geborgen. Tauchen wir aus der Stille wieder auf, so stehen wir in Begegnung, zunächst mit uns selbst, dann mit der „Welt". Aber diese Begegnungen ereignen sich nun in Begleitung durch das Wissen um den erfahrenen gemeinsamen Grund.

## Der Moment zeigt die Richtung

Gerade in Zeiten und Epochen wie diesen, mit ihren umfassenden Bedrohungen von Lebensprozessen auf allen Ebenen des Seins, wächst das Leiden an der Empfindung, nichts Wirksames tun zu können, um Schaden zu begrenzen oder abzuwenden. Mancher fühlt sich wehrlos und hilflos, vielleicht sogar unnütz, wenn man nicht inmitten dessen, was wir an Zerfall und Zerstörung auf der Welt wahrnehmen, an konkreten Aktionen beteiligt ist. Doch je grundsätzlicher Probleme sind, desto unangemessener kann Aktionismus und eine oberflächliche Befriedigung sein, die sich daraus ergibt, Tätigkeitslisten abzuarbeiten.

Tiefgreifende Umbruchszeiten zeichnen sich vor allem dadurch aus, dass sie gestaltungsoffen sind und höchstgradig unvorhersehbar in der Bewegung. In solchen Situationen wären manche feste Pläne, an deren Umsetzung ich mich beteilige, möglicherweise fatal.

Denn sie entspringen zumeist ja noch dem Denken und Empfinden der „alten Zeit". Und das steigert die Gefahr, dass sich bislang unerkannte Möglichkeitsräume durch gewohnheitsmäßiges Anhaften vorzeitig schließen. Geht es also in der Konsequenz um Nichttun? In der Bhagavad Gita, dem Schlüsselwerk des Hinduismus, befindet sich dieser zunächst paradox klingende Satz:

> *„Geheimnisvoll ist der Weg der Tat. Wer in der Tat die Nichttat sieht und in der Nichttat wiederum die Tat,*
> *der ist ein Einsichtsvoller unter den Menschen, gesammelten Geistes alle Taten verrichtend."*

So müssen wir das Tun und das sogenannte Nichttun wohl differenzierter verstehen. Nichttun meint nicht, *nichts* tun. Es verweist vielmehr auf eine besondere Haltung nicht nur dem Tun gegenüber, sondern dem Sein an sich. Und diese Haltung, um die es geht, hebt die Trennung zwischen Tun und Nichttun letztendlich auf.

Das Leben kann als Übungsweg gesehen werden – in Wachheit und Achtsamkeit allem gegenüber, was mir begegnet. Das bedeutet, sich ganz einzulassen auf die Situationen, in denen ich stehe und auf das, was von mir in diesem Moment gefordert ist. Der Moment also zeigt die Richtung, und ich schlage sie ein. Wie im Flug zöge ansonsten das Leben weitgehend konturenlos an mir vorbei. Eine solche Achtsamkeit und ein Sich-Einlassen führen zu Konsequenz, ohne von etwas Äußerem getrieben zu sein und zu einer Gelassenheit jenen Herausforderungen gegenüber, die Alltagsnotwendigkeiten überschreiten.

Dem Moment seine Chance zu lassen und sie zu ergreifen verringert das Risiko, immer wieder aufs Neue unbedacht mit Überraschungen konfrontiert zu werden, die sich schmerzhaft gegen ein verplantes Leben aufbäumen. So werde ich auch der grundsätzlichen Unberechenbarkeit (Kontingenz) des Seins gerecht. Ob diese Haltung jeweils in ein sogenanntes Tun, eine Aktion oder ein sogenanntes Nichttun oder auch Lassen führt, scheint dann unerheblich. Denn beide sind in dem Moment symbiotisch verbunden.

Gewiss: Ein so umschriebenes Leben im Strom des Alltäglichen stellt in seiner Intensität eine kontinuierliche Herausforderung dar. Ohne Vertrauen ist sie nicht zu bewältigen. Vertrauen, dass das Schicksal mir den Weg zeigt, dass es eine Führung jenseits meiner Pläne und Gewohnheiten gibt. Trotz aller bewussten Lebensgestaltung wird mir dabei immer auch das begegnen, was wir Zufall nennen, was mir aber doch nur ein Zeichen am Weg sein will.

## Das Gebet als Resonanz

Da ist keine Gottheit, die wunschgemäß unseren Gebeten folgt. Kein göttlicher Wille bremst menschliches Versagen aus. Sonst hätte sich die Schoah, die unfassbare Katastrophe, nie ereignet. Wie viele Stoßgebete wird es in Auschwitz gegeben haben. Wir wissen nicht, wie sich die Opfer damit fühlten im Moment ihrer Vernichtung. Wie viele Fürbitten und Gebete aus Sorgen und Verzweiflung richten sich in jeder Minute in einen unbekannten Raum. Und dann stirbt der geliebte Mensch an deiner Seite doch, und die Gewalt um dich herum nimmt kein Ende.

Wir Menschen sind eigenverantwortlich in dieser Welt. Es ist an uns, sie zu gestalten im Rahmen und mit der Unberechenbarkeit unserer Möglichkeiten, in der Spannung zwischen gut und böse, zwischen himmlisch und diabolisch. Und doch bleibt so viel, was der Verstand nicht fasst, was nicht zu verstehen ist. Und es wird immer bleiben.

Gibt es da überhaupt noch etwas auf das Gebet Bezogene zu räsonieren? Oder ist alles gesagt, wenn der Auschwitz-Überlebende und Friedensnobelpreisträger Elie Wiesel in seiner autobiographischen Erzählung „Nacht" über die erste Nacht im Lager Auschwitz-Birkenau schreibt: „Nie werde ich die Flammen vergessen, die meinen Glauben für immer verzehrten." Oder wenn Gottfried Benn in seinem Nachkriegshörspiel „Hinter dem Vorhang" desillusioniert formuliert: „Vor wem sollen wir noch knien? Der Alte hat uns auch im Stich gelassen, die Lage ist bitter."

Es gibt wirklich nichts mehr auszusprechen, wenn man das Numinose, das Geheimnisvolle missversteht als einen Automaten, in den man ein Gebet hineinwirft, um mit Erhörung belohnt zu werden – sei die Verzweiflung auch noch so groß. Das wahre Gebet ist kein Um-zu. Es dient keiner Zweckmäßigkeit, ist mehr als eingeforderte oder erwartete Wunscherfüllung. Und als Fähigkeit und Bedürfnis ist es im Menschen trotz alledem nicht zu töten ... Es folgt – wenn es nicht ein bloßer Akt der Gewöhnung und Routine geworden ist, ein Placebo gleichsam zur Gewissensberuhigung bezüglich eines allmächtigen und zürnenden Gottes – einer Herzensregung. Aus ihm spricht ein Sich-Überlassen. In äußerer und innerer Haltung drückt es eine Geste der Hingabe aus. Und das ist unabhängig davon, ob es still, kontemplativ, in Worte oder eine Gebärde gekleidet ist. In ihm schwingt unsere Sehnsucht nach Liebe, Ankommen, Geborgenheit, Schutz und Heilung. Es prägt uns und stärkt unsere Kräfte, sich auf Entsprechendes auszurichten und entsprechend zu handeln. Es fließt als Energie in den geistigen Raum, in dem wir nicht alleine sind. Wir sprechen die „Mittler" an, halten und stärken die Berührung mit der geistigen Welt.

Die Frage „Warum beten?" scheint mir also sinnlos, denn wenn es den Menschen zum Beten drängt, etwas ihn in das Beten hineinzieht – dann können wir Beten als einen Akt der Resonanz in einem kosmischen Feld verstehen. Betende richten sich auf das aus und begeben sich in das hinein, was jene Sehnsucht in ihnen ausgelöst hat. Das Gebet stellt ins Verhältnis. Für einen Moment holt es aus der Verfangenheit in dieser Welt, gibt Hinweis auf die Anderswelt der „himmlischen" Sehnsucht. So zieht es uns über uns hinaus.

In den heiligen Schriften taucht deshalb die Frage nach dem Sinn des Betens gar nicht auf. Dort steht es als Grundregung des menschlichen Seins in derselben Bedeutung wie Nahrungsaufnahme und Schlaf. Als Akt der Demut dem Unbegreifbaren gegenüber ist es Mahnung, sich nicht selbst absolut zu setzen. Das Unverfügbare, der Werdeimpuls und das verborgene Geheimnis wollen erinnert und gerufen sein. Und dies aus mehreren Gründen.

Das Gebet hilft dem Betenden. Es schenkt Entlastung, innere Freiheit, seelische Heilung, Trost. Es gibt dem Alltag eine andere Färbung und wärmt das Herz. Und wenn dir alles wegbricht, so wie dem biblischen Hiob, so bleibt es doch der letzte Anker. Trotz aller Nichterfüllung verständlicher Wünsche und selbst, wenn es wie in ein Nichts gesprochen scheint, die gestammelten Worte sich in einem leeren Universum zu verlieren drohen.

Das Gebet reinigt die Seele. Was du keinem Menschen anvertrauen würdest an Sorge, Angst, empfundener Schuld, Scham und abgrundtiefem Versagen – hier ist sein Ort. Still, zurückgezogen, versunken, erschöpft, traurig und doch mit einem letzten Vertrauen und einem zarten Lichtschein von Zuversicht.

Das Gebet, gleich auch in welcher Form, vor allem jedoch in der Stille des Alleinseins, formt einen inneren Raum. Dessen Name ist *Heimat*. Jederzeit kannst du ihn aufsuchen. Er bricht nicht weg. Weitet sich ins Ungeahnte. Dort bist du mit dir selbst identisch. Da kannst du dich erkennen. Da spürst du die Resonanz.

Das Gebet ist Energie. Es nährt und stärkt das Kraftfeld des Geistigen, schafft Berührung zwischen materieller und geistiger

Welt, hält entsprechende Bindung. Man kann diese Kraft spüren, wenn man wirklich offen und empfänglich bleibt. An manchen Orten, an denen jahrhundertelang gebetet wurde, scheint sie wie verdichtet, quasi greifbar.

Mehr noch als bei einem bloßen Bittritual scheint das Wesen des Gebetes im Ausdruck der Akzeptanz des Seienden zu liegen – trotz aller berechtigten Empörung und Verzweiflung, die uns gelegentlich anspringt wie ein wildes Tier aus einer unversöhnten Welt. Im Gebet formuliert sich letztendlich ein *Ja* und bereitet sich das rechte Tun im Rahmen des mir Möglichen vor. Die Eigenkräfte wachsen. Damit wandelt sich grundlegend der Blick auf das Sein. Und dann mögen sich Ereignisse in unserer Wahrnehmung auf eine Weise zu erkennen geben, die sagen lässt: „Mein Gebet wurde erhört. Es ist gut so ...“

## Das Atmen ist Gebet

Die Seele hält inne
Öffnet den Raum
Worte verstummen
Gedanken vertraun

Odem kommt und Odem geht
Das Atmen wird Gebet
Stille trägt nicht
Ihr Wesen ist tief
Wunderbar klar
Von Innen wahr
Und Odem kommt und Odem geht
Das Atmen ist Gebet

Hinter der Stille
Eine eigene Welt
Ein Universum
Endlos und weit
Jenseits aller drängenden Zeit
Und Odem kommt und Odem geht
Das Atmen ist Gebet

Vertrauen hält in stiller Welt
Mütterlich geborgen
Das Ego verblasst
Das Wesen befreit
Begegnet sich selbst
Befreit von Sorgen
Und Odem kommt und Odem geht
Das Atmen ist Gebet

Der Hunger gestillt
Das Herz berührt
Die Sehnsucht Zuhause
Was leer schien
Hat zur Fülle geführt
Und Odem kommt und Odem geht
Das Atmen ist Gebet

Frieden herrscht im Innenraum
Kein Hader oder Zwist
Das Schweigen führt den Menschen
Zum Kerne dessen was er ist
Und Odem kommt und Odem geht
Das Atmen ist Gebet

Leben neigt zum Tode sich hin
Gibt von Erlösung Kunde
Die Stille geht auf das Ende zu
Trägt auch durch diese Stunde
Und Odem kommt und Odem geht
Das Atmen bleibt Gebet

# Kulturelles und soziales Sein

## Das Begehren als Motor des Systems

Die herrschende Ökonomie sucht die edle Sehnsucht des Menschen vom unbedingten, zeitlosen und wahren Gut hin zum bedingten und austauschbaren zu bewegen. Hängt das Herz erst einmal am Ding, kann es beliebig manipuliert werden. Zerbricht eine mit Dingen verbundene Sehnsucht, Erwartung oder Hoffnung, so hält die Schatztruhe der Verführung zahllose glitzernde Ersatzstoffe und Sinnplacebos parat.

Nun tritt die Begehrlichkeit ins Spiel. Sie führt in die Versuchung und, wenn ihr nachgegeben wird, in die Verfehlung. Begehrlichkeit als maßloses Wollen trägt und verhärtet die Ich-Struktur. Sie streckt sich nach einem Gut, das sie im guten Handeln nicht erlangen kann. Denn Gutes zu tun, meint gemeinschaftsorientiert zu wirken. Und das geht nicht ohne zu geben, ohne loszulassen und ohne sich hinzugeben. Das Ich aber will haben, immer mehr und wenn möglich einzigartig.

Das System, das darauf aufbaut und das dadurch erstarkte, heißt Kapitalismus. Es hat die Begierde nicht hervorgebracht, aber sich mit ihr vollständig identifiziert. Und sein Credo gilt, genauer betrachtet, grundsätzlich genauso für die Vertreter des Kapitals wie für ihren systemimmanenten Konterpart, die Arbeiterbewegung. Im Letzten geht es um Konsum, um Befriedigung, die aus Anhäufung und Verbrauch besteht.

Wie anders ist es zu erklären, dass keine Tarifverhandlung seitens der Gewerkschaften ohne die ökologisch groteske Aussage auskommt, mehr Verdienst steigere den Konsum und kurbele so das Wirtschaftswachstum an. Es soll mit diesem Hinweis nicht die turbokapitalistische Ausbeutung und Profitmaximierung relativiert oder gar verharmlost werden. Aber es ist notwendig, dass wir auch die systemtragende Begehrlichkeit, die von ihrem Wesen her unersättlich ist, im Ruf nach sozialer und nach Verteilungsgerechtigkeit durchscheinen sehen.

Im Massenkonsum hat die Gesellschaft einen Weg gefunden, die persönliche Begehrens- und Neidspirale weitgehend zu entschärfen. Der Kreislauf der stetigen Produkterneuerung hält das Begehren jedoch im selben Atemzug auf einem kontinuierlich hohen Niveau. Den Neid und das Begehren stillen und beide immer wieder neu entfachen, werden eins. Moralische Gesetze und Appelle, die auf Vernunft und Mäßigung zielen, erscheinen dabei als Gängelei und Unterdrückung. Die Umwertung zentraler Grundwerte macht selbst vor der sich nüchtern gebenden ökonomischen Rationalität nicht mehr halt.

Die verbrauchsorientierte und auf Massenkonsum ausgerichtete Grundhaltung gilt als Eckpfeiler kapitalistischer Ordnungspolitik. Unerklärlicherweise verweigert sie sich der Einsicht, dass der stetig anwachsende private Verbrauch sich strukturell selbst bedroht. Denn mit ihm wächst die Knappheit der Ressourcen, die der Produktion der Konsumgüter zugrunde liegen.

Unendlich sind demgegenüber die virtuellen Konsumobjekte, die in den Medienwelten und der Internetgalaxis jederzeit und finanziell erschwinglich bereit stehen. Und so kann vermutet werden, dass das Begehren und der Konsum sich mit der Erosion der materiellen Ressourcen noch mehr dorthin verlagern.

Bildschirmwelten aber stärken den Sog der Augen. Nichts verdeutlicht das so heftig wie die Smartphone-Kultur. In den meisten spirituellen Traditionen wird die „Begierde der Augen" als Eintrittstor der Versuchung genannt. Mit der Begierde der Augen schaffen wir uns eine Welt nach dem Bild, das alles unersättliche Begehren zeichnet. Es ist eine Fassadenwelt, hinter deren Schein das Nichts liegt.

# Es war einmal ...

Die Welt der Vergangenheit ist eine besondere Welt. Und sie lebt in jedem von uns als jeweils etwas ganz Eigenes. Mit der Vergangenheit schauen wir auf einen an sich geschützten Raum. Er hat seine eigene Identität und eine eigene Würde. Er entzieht sich unserer intervenierenden Verfügbarkeit. Der Vergangenheit können wir aus dem Blick der Gegenwart heraus zudem niemals ganz gerecht werden. So viele Zeugnisse und Artefakte kann es gar nicht geben, um dies zu leisten. Und so sollten wir sie, im strengen Sinne, eigentlich auch immer nur mit viel einfühlendem Bemühen aus sich heraus zu verstehen suchen. Oft aber denken und deuten wir sie als eine lediglich noch nicht entwickelte, nicht ausgereifte Gegenwart. Oder wir passen sie in unser Selbst- und Weltbild mehr oder weniger beliebig ein und machen sie uns zu Diensten.

Sicher, wir benötigen die Annäherung an das Gewesene – auch um uns selbst in unserer Gewordenheit besser zu verstehen. Geschichtskunde leistet diese Arbeit, zumeist mit größter Sorgfalt. Doch auch dort ist es wichtig, das Verstehen von innen her zu versuchen und nicht der Versuchung zu erliegen, aus dem Blickwinkel und dem Empfinden der Gegenwart heraus zu analysieren. Verstehen, wirklich Verstehen kommt vor Deuten und Erklären. So ließe sich das Motto formulieren: Empathie statt Blicke mit Maßstäben, Schablonen und Rastern.

„Das dunkle Mittelalter", „das Chaos der Völkerwanderung", „der Glanz des Barock", „die wilden Zwanziger" sind solche Schablonen-Blickweisen. Sie nehmen als Maßstab wenige Charakteristika, die Experten mit einer gewissen Deutungshoheit als hervorhebenswert erachten und damit ganze Epochenbilder festschreiben.

Da im Blick zurück nie allem gerecht zu werden ist, mag es deshalb *eine* Weise des Umgangs mit Geschichte sein, sie immer wieder auch zu lassen – sein zu lassen, ruhen zu lassen oder besser: gewesen sein zu lassen. Vielleicht mit einem sanften Blick aus einer Metaperspektive darüber streichen, ohne dem Raum dessen, was einmal war, sein Eigenes und sein Besonderes zu zerstören – was auch geschehen sein mag. Es steht uns nicht zu, jeden Raum zu betreten und alles nach unserem Gusto und unserem Verständnis und von unseren Gefühlen her kommend zu bewerten.

Das gilt nicht nur für den Umgang mit Geschichte im üblichen Sinne. Es gilt auch für den Umgang mit der eigenen Vergangenheit bzw. der Vergangenheit anderer Menschen. Gewiss, wir müssen lernen aus dem, was war. Aber oft verstellt der Blick zurück und das damit verbundene Urteil über die Gegenwart das, was im Moment neu aufbrechen und ins Leben treten will. Die im Gewesenen verfangene Energie blockiert dann den *Kairos*. Deshalb wohl auch sagt Jesus in der ihm eigenen Klarheit: „Keiner, der die Hand an den Pflug gelegt hat und nochmals zurückblickt, taugt für das Reich Gottes" (Lukas, 9,62).

## Friedfertigkeit und Widerstand

Friedfertigkeit, wie sie die Bergpredigt anmahnt, zählt zu den überzeitlichen und über den Kulturen stehenden obersten Geboten – genau wie Mitgefühl und Versöhnung. Doch was, wenn das Zusammenleben von Menschen und von Völkern durch bewusste und gewollte gewalthafte Aktionen durchbrochen wird? Kann eine Feindesliebe auch nur gedacht werden, wenn brutale, vorzivilisatorische Gewalt das Leben schändet? Gibt es dann eine gerechtfertigte Gegengewalt, ein Recht auf Notwehr und Widerstand auch mit gewalthaften und der Dimension des Angriffs gleichgestellten militärischen Mitteln? Müsste ein solches Recht nicht sogar als Pflicht proklamiert werden, wenn unschuldiges und wehrloses Leben attackiert wird?

Zuallererst gilt, nie Ausgangspunkt von Gewalt zu sein. Gewalthafte Handlungen zu initiieren, mit welcher Begründung auch immer, trifft den Geist des Nichtverletzens ins Herz. Es entzieht friedensstiftenden Folgehandlungen den Boden der Wahrhaftigkeit. Wer angreift, unterläuft seine Kraft zu heilen, im zwischenmenschlichen wie im interstaatlichen Bereich. Unter dem Primat des Heilens verbietet sich zudem die Empfindung von Hass, macht dieser doch nicht nur erfinderisch für Gewaltbegründungen. Er wendet sich immer gegen alle Seiten – den Menschen, der gehasst wird und die vom Hass zerfressene Person selbst. Der Hass zerschlägt letztendlich, was wir Kultur nennen.

Viele Konflikte erfordern Geduld. Sie richtet sich auf langfristige Wirkmächtigkeit. „Gib nach und sei siegreich", lehrt das Tao te King. Und dies ist auch der Sinn des jesuanischen Gebots: „Wenn dich jemand nötigt, eine Meile mitzugehen, so geh zwei mit ihm" (Matthäus 5,41).

Wenn bedrohtes Leben Aufbegehren zur Pflicht macht, liegt Kampf allerdings nicht im Widerspruch zur Geduld und auch nicht zur Hinnahme. Gerade in der Person Jesu wird diese Einheit deutlich, wenn wir etwa an seine Hinnahmebereitschaft im Prozess vor dem Hohen Rat und auf der anderen Seite an die „Tempelreinigung" in Jerusalem denken, wo Jesus die Händler harsch vertreibt. Sanftmut und klare Handlungen verschmelzen. Diese Haltung stellt sich dem Unrecht, weicht ihm nicht unter dem Vorwand der Sanftmut feige aus.

Auf Dauer, so der Blick aus den Augen der Weisheit, wird das Zarte und Schwache siegen. Denn es ist das, was im Kleinsten Leben erhält und nach jeder Zerstörung irgendwann wieder aufkeimen lässt. So betrachtet, vernichtet in letzter Konsequenz das

Gewalthafte sich selbst – durch seine Lebensfeindlichkeit, die sich schließlich gegen sie selbst richtet.

In einer zutiefst gewalthaften Welt stehen wir, was die Frage von Gegengewalt und Widerstand betrifft, vor einem unlösbaren Dilemma. Diese Frage ist heute nochmals grundlegend anders zu betrachten als zu Zeiten Jesu oder auch zu Zeiten von Mahatma Gandhi. Denn in der Gegenwart liegt im schlimmsten Falle immer eine Eskalationsstufe im Bereich des Denkbaren, bei der es um die Verwüstung eines großen Teils der menschlichen Welt und der Erde geht, etwa durch Atomwaffen oder auch Ökozide, wie im brasilianischen Regenwald. Für solche Fälle, in denen es eigentlich keine Zeit mehr für trödelnde Verhandlungswege gibt, ist Widerstand gegen die Verantwortlichen Pflicht – im Namen des gesamten planetarischen Lebens. Doch was kann das bedeuten?

Die Geschichte hält hierfür seit Urzeiten den „Tyrannenmord" im Repertoire des Notwendigen, bevor ganze Völker in kriegerischen Auseinandersetzungen ausbluten. Aber ist das die Ultima Ratio, der letzte Ausweg? Neben unermüdlich betriebenen und immer wieder aufgenommenen Verhandlungswegen ist eine Option, die Aggression hinzunehmen, um Opfer zu vermeiden, nicht ein ganzes Land zu verwüsten zu lassen, nicht die Völkergemeinschaft hineinzuziehen. Nachgeben in der Gewissheit, dass die Verfangenheit im Moment und eine langfristige Entwicklung durchaus etwas grundlegend Verschiedenes sein können. Letztlich bricht Wasser den Stein, auch wenn wir hier in anderen zeitlichen Dimensionen als den alltäglichen denken. Und sicher ist dies keine Option, wenn es um die systematische Zerstörung der Erde und die Vernichtung der Arten geht.

Wenn wir die Wahl hätten, zwischen Tyrannenmord, einem exemplarischen Handeln von Führung, Hinnahmebereitschaft eines Volkes und vielleicht etwas bislang nicht Gedachtem – was böte dem einzelnen Menschen Orientierung? Nur das zur Unterscheidung fähige Gewissen bleibt hier – allerdings nicht lediglich das rein subjektive persönliche, sondern das, was sich sieht und empfindet als Teil des Weltgewissens.

## Notwehr und Vergeltung

Zur Verhinderung größeren Unrechts oder Übels lässt sich gewalthaftes Handeln nie vollständig ausschließen. Doch das erfordert zunächst, die Opferperspektive und die Perspektive des Gegners einzunehmen. Erst die Blickweise und die möglichen Empfindungen des Anderen vermögen zu zeigen, ob die Motive echt und wahrhaftig sind. Speziell die Gegnerperspektive leistet einen wichtigen Beitrag, davor zu bewahren, den Anderen zu demütigen oder seiner Würde zu berauben. Erst diese Orientierung eröffnet möglicherweise auch noch die Option des Gewaltverzichts. Durch die Perspektive des anderen Menschen und des anderen Lebens insgesamt werden wir auch im Konfliktfall zum Bewusstsein der Einheit des Lebens geführt. Ist dieser Horizont präsent, sinkt die Gefahr affektgesteuerter Handlungen und Reaktionen. Damit steigt die Chance, dass das Grauen der Gegenwart sich nicht durch eine unangemessene Reaktion in die Zukunft verlängert.

Jede Tat im Namen der Verhinderung von schlimmerem Übel setzt nicht nur den Gebrauch sittlich und moralisch einwandfreier Mittel voraus. Sie ist auch beschränkt auf die Gewaltverhinderung, die Gewalteinschränkung und die Notwehr als Naturrecht. Das Recht auf Notwehr ist ein Ausnahmerecht. Als solches ist es unumstrittener Teil des evolutionären Weltprozesses, genau wie die jederzeitige Eintrittsmöglichkeit des Bösen in den Weltprozess. Freiheit umschließt beides. Und sie trägt in sich die Wahrscheinlichkeit des Irrtums und des Scheitern: Irrtum hinsichtlich der Angemessenheit von Gegengewalt; und Scheitern, was die mit der Gegengewalt letztlich intendierte Sehnsucht nach Frieden und Gerechtigkeit anbelangt.

Mag das Recht auf Notwehr und Gegengewalt also gegeben sein, so beinhaltet es doch keinen Anspruch auf Vergeltung. Gerechtigkeit und Rache sind unvereinbar. Die Folgen einer Unrechtstat lassen sich durch Rache nicht beseitigen. Im Gegenteil! Rache, da sie als Gewalt um der Gewalt willen gesehen werden muss, führt unweigerlich zu einer Verstärkung der Unrechtssituation. Gleichzeitig bleibt auch die aus der den gerechtesten Motiven heraus praktizierte Gewalt ein Übel. Deshalb darf der „Erfolg" von Gegengewalt nie Grund von Freude sein. Denn auch er fordert Opfer.

Was Fragen von Gewalt, von Unrecht und von Gegengewalt betrifft, kennen wir die absolute Wahrheit nicht. Wir wissen nicht immer, wer der Kranke und wer der Therapeut ist. Aber wir ahnen, dass *jede* Tat Spuren in der geistigen Welt hinterlässt. Damit zieht sie Wirkungen und Konsequenzen für den Täter nach sich – früher oder später und in anderem Zeitmaß als dem, das Wut und Empörung uns diktieren möchten. Es mag jedoch sein, dass dieser Zusammenhang ohne inneren Bezug zu einer transzendenten Wirklichkeit nur schwer verstanden und vor allem akzeptiert werden kann.


## Strukturelle Sünde

Noch so viel Einsicht ... Noch so viel Betroffenheit ... Noch so viel Bemühen ... Du hast das Gefühl, gegen Wände zu laufen. Du möchtest ökologisch, erd- und lebensverbunden leben – und kommst doch an Plastik, an Automobilität oder an vergiftender Chemie nicht vorbei. Du reduzierst das Schädliche, wo es dir möglich ist – doch dein ökologischer Fußabdruck bleibt ein Desaster. Wirklich nachhaltige, gerechte und dem Leben dienende Verhaltensoptionen sind kaum oder nur mit erheblichem Bemühen und durch gravierende „Kosten" umzusetzen. Dem also, was Leben fördern will, wird nicht der Weg geebnet, es sind vielmehr Berge von Steinen aus dem Weg zu räumen.

Wir sind systemisch eingewoben in lebensfeindliche, das Leben vernutzende Strukturen. Sie führen in eine Form von „Schuld", die nicht mehr nur persönlich zugerechnet werden kann. Es ist eine strukturelle Schuld, die aus struktureller Gewalt resultiert. Die lateinamerikanische Befreiungstheologie, insbesondere Leonardo Boff (*1938), wählte dafür bereits Ende der 1960er-Jahre des letzten Jahrhunderts den Namen *strukturelle Sünde*. Diese zeigt sich u. a. als Ungerechtigkeit, Sozialverhältnisgewalt, architektonische sowie städte- und landschaftsplanerische Brutalität und daneben heute vor allem durch die Ausbeutung von allem, was lebt.

*Strukturelle Sünde* bezieht sich also auf überindividuelle Zusammenhänge, auch wenn es einzelne Menschen sind, die sie verursachen und verantwortlich am Leben halten. Sie wohnt den Strukturen inne; sie formt das Denken, Handeln und Verhalten; sie baut unüberwindbare Abhängigkeiten auf und blockiert die Entfaltung, nicht nur von menschlichem Leben. Der Raubtierkapitalismus der Gegenwart mit seinem Glaubensbekenntnis von Wachstum, Konsum und Verschwendung steht exemplarisch für das, was *strukturelle Sünde* genannt wird.

Bleiben wir bei dem Bild des Raubtieres. Um es in seinem eigenen Revier zu erlegen, mag die Kraft fehlen. Aber es kann geschwächt, ihm die Lebensgrundlagen und die Lebensenergie Stück für Stück entzogen werden. Viele Einzelne, die an Netzwerken des Lebens weben und den Strukturen des Verhängnisses ein eigenes

Lebensprinzip mit eigenen Handlungsmaximen gegenüberstellen, schwächen das Monster. So gesehen, kommt es auf jede einzelne Handlung an. Keine ist vergebens! Auch wenn die *strukturelle Sünde* lehrt, dass wir gleichzeitig weiterhin eingebunden bleiben und somit keine Unschuld und keine Reinheit im Sein existiert.

## Kollektivwahn

Wenn wir über das sogenannte Böse sprechen, denken wir zumeist an Personen, in denen es eine Ausdrucksweise findet. Doch gerade der Aspekt des Kollektiven ist für sein Verständnis von außerordentlicher Bedeutung. Im kollektiven Bewusstsein und im kollektiven Unbewussten hat das Böse eine unbegrenzte Heimstatt. Von hier aus kann es die einzelnen Menschen infizieren. Es macht sie zu Tätern oder führt sie in eine Haltung der stillen Hinnahme, die gegen das Unrecht nicht aufbegehrt, die es verleugnet oder verharmlost. Im Rassismus und in religiösen bzw. ideologischen Verblendungen findet der kollektive Schatten als Massenwahn seine vielleicht brutalste und weitreichendste Ausprägung. Oft wendet sich dabei das Mittelmäßige und Banale gegen das Andere, ja vielleicht Besondere.

Im Kollektivwahn findet der Einzelne die Möglichkeit, die in ihm latent hausenden Furchtbarkeiten zu leben und sich zugleich der Verantwortung zu entziehen, indem er auf den kollektiven Geist verweist. Über diese beschämende Haltung geben exemplarisch die Prozesse gegen die Nazi-Täter Aufschluss, in denen nur zu oft darauf verwiesen wurde, dass keine Eigeninitiative, sondern übergeordnete Befehle Anlass der persönlichen Untaten waren. Hannah Arendt (1906–1975), die 1961 als Journalistin für den „New Yorker" den Eichmann-Prozess in Jerusalem verfolgte, sagte später in ihren

Vorlesungen zur Moralphilosophie über diese Flucht aus der Verantwortung für das eigene Tun: „Das Lästige an den Nazi-Verbrechern war gerade, dass sie willentlich auf alle persönlichen Eigenschaften verzichteten, als ob dann niemand mehr übrig bliebe, der entweder bestraft oder dem vergeben werden könnte. (...) Das größte begangene Böse ist das Böse, das von Niemandem getan wurde, das heißt, von menschlichen Wesen, die sich weigern, Personen zu sein."

Ein spezifisches Kennzeichen des Kollektivwahns liegt in der Wankelmütigkeit und Unberechenbarkeit der Massen. „Hosanna dem Sohne Davids, gesegnet sei, der da kommt im Namen des Herrn" und das „Kreuziget ihn" liegen bedrohlich nahe beieinander. Davon kündet in bewegender Dramatik die Passion Jesu. Beim Einzug in Jerusalem noch begeistert empfangen, kippt die Stimmung abrupt. Jäh breiten sich Hass, Angst und Verleugnung aus und erfassen auch die engsten Gefolgsleute des Nazareners. „Mimetische Ansteckung" nennt der französische Religionswissenschaftler René Girard (1923–2015) diesen Vorgang, der uns immer wieder auch in revolutionären Situationen und anarchischen Zuständen begegnet. Wie ein Virus verbreiten sich negative Emotionen über ganze Länder. Fast schlagartig stellt sich Einmütigkeit in Gruppen her, die sich gegen Einzelne oder gegen Minderheiten richtet. Es ist jene Einmütigkeit, von der man mit Bestimmtheit sagen kann, dass sie im Unrecht ist. Herausragendes Exempel für das Resonanzphänomen der mimetischen Ansteckung sind alle Formen von Lynchjustiz. Richtet sich der Unmut von Bevölkerungsgruppen erst einmal auf eine Person aus und steigert er sich in der mimetischen Ansteckung und Aufpeitschung zur Raserei, dann kann eine solche Kollektivemotion nicht mehr gesteuert oder gar zur Vernunft gebracht werden. Im mimetischen Furor werden „Legionen" momenthaft ihres Bewusstseins und ihrer moralischen Integrität beraubt – was mit der

Versuchung Einzelner nie hätte gelingen können. Die kleinen und großen Volksverführer im Verlauf der menschlichen Geschichte bedienten sich genau dieses kollektiven Mechanismus der humanistischen Selbstaufgabe. Und auch die modernen Populisten spielen immer wieder auf der Klaviatur der Entmündigung und des Verderbens. Mit den sogenannten „sozialen Medien" stehen ihnen heute dabei höchst effiziente Hassmaschinen zur Verfügung, die einer viralen Ausbreitung kaum noch Grenzen setzen.

Der spontan entfesselte Hass von Kollektiven, großen Menschenmengen und Bevölkerungsgruppen kann sich zu einem Muster verstetigen und zu einer Hasskultur auswachsen. In Gruppen tradiert, wird sie von Generation zu Generation weitergegeben. Genozide, terroristische Akte, systematische Verfolgung und Unterdrückung liegen auf der Blutspur dieser latenten Gewaltbereitschaft. In sie hinein wird der einzelne Mensch früh sozialisiert. Er erhält gleichsam eine sozialgenetische Prägung, die auf der Freiheit seines Denkens, Empfindens und Handelns lastet bzw. sie verklebt. Hassbezogene Erinnerungskulturen und Rituale, die an die Instinktenergie Einzelner und von Gruppen appellieren, wirken dabei als Prozesstreiber.

## Die dritte Tugend

Vier Kardinaltugenden werden seit der Antike her immer wieder genannt und wurden auch von der christlichen Ethik, allen voran von Thomas von Aquin, gelehrt: Klugheit, Gerechtigkeit, Tapferkeit und das rechte Maß. Der Tapferkeit kommt in diesem Vierklang die Aufgabe zu, das durch die Klugheit als gerecht und als gut Erkannte herzustellen bzw. zu bewahren. Edles rückt so in den Blick auf menschliche Potentiale. Das aber hat auch seinen Preis.

So gibt es den tiefen inneren Zusammenhang zwischen der Tapferkeit des Menschen und der wesenhaft mit ihm verbundenen Verwundbarkeit. Nur weil die Verwundbarkeit grundsätzlich immer mit im Spiel ist, können wir uns überhaupt in eine Handlungsweise begeben, die wir als tapfer bezeichnen.

Im Letzten reicht die Tapferkeit bis zum Tod, schließt also die Bereitschaft ein, für das als gut und gerecht Erkannte das Leben zu riskieren bzw. auf das Äußerste zu blicken, übrigens durchaus nicht ohne Furcht. Solches bedeutet aber auch, dass der Sinn für das Gerechte und ein entsprechendes Erkennen der Tapferkeit vorausgehen. Und sie setzen ihr das Maß zwischen Tollkühnheit und Feigheit.

Der wesentliche Sinn, bewusst verwundbar zu bleiben, begründet sich demnach aus dem höheren Rang des Guten, Gerechten und dem Leben Dienenden. In der Bereitschaft dazu bleiben wir unserem humanen Selbst und unserer menschlichen Potentialität treu und halten bzw. gewinnen eine tiefere, seelische Unversehrtheit. Als Maßstab dient hier das Gewissen.

Eine maßgebliche Facette der Tapferkeit liegt im Standhalten, wobei darunter alles andere zu verstehen ist als Passivität. Denn Standhaftigkeit können wir durchaus als einen außerordentlichen Vernunft- und Willensakt sehen, der sich nicht spießiger Bequemlichkeit und Wegschauhaltung oder einem billigen Sich-Abfinden beugt.

Mit ihrer Zwillingsschwester, der Geduld, fällt Standhaftigkeit niemals hinter das einmal als richtig Erkannte und Empfundene zurück, und sie verwahrt sich dagegen, es auf dem Altar des Opportunismus zu opfern. So verbinden sich beide, wie Hildegard von Bingen (1098–1179) schreibt, zur „Säule, die durch nichts erweicht wird". Standhalten in diesem Sinne meint: Haltung zeigen und Haltung bewahren, gerade in der Krise.

Wer standhaft ist, der hält auch aus. Für etwas einzustehen, ist nicht zu trennen vom Aushalten. In ihm lernen wir immer wieder neu, Ungewohntes, Neues, vielleicht auch Unangenehmes und Bedrohliches hinzunehmen, gerade wenn die gewohnten Koordinaten des Alltags vor dem inneren Erfahrungs- und Erinnerungsauge verschwimmen. Aushalten, auch wenn ich das, was es auszuhalten gilt, nicht akzeptiere; Aushalten, auch wenn es mit Nachteilen und Rückschlägen in meinen Bemühungen verbunden ist, bildet gleichsam das Fundament der Standhaftigkeit und damit einer weitergehenden Tapferkeit, die sich in Widerspruch und Widerstand begibt. Alles andere würde den Menschen dezentrieren, ihm Energie rauben und den klaren Blick für die notwendigen Anschlusshandlungen trüben.

Es ist Tapferkeit, die in die Mauer unbarmherziger und uneinsichtiger Ich-Bezogenheit eine Bresche schlägt. Sie überwindet ein vordergründiges Sicherheitsverständnis um eines Schöneren willen – der Gewissheit überzeitlicher Richtigkeit und Angemessenheit – im Wahrnehmen, Denken und Handeln. Sie bewegt so auch Innenwelt und das nach außen Gerichtete in eine Harmonie – und das gerade, weil sie mit der Bereitschaft eins ist, Konflikten und Gefahren zu begegnen, ohne immer nur die eigene Unversehrtheit im Fokus zu haben.

Es kann weder eine lebensdienliche Gesellschaft noch eine demokratische Kultur ohne dieses Verständnis und das Bewusstsein von Tapferkeit geben. Zivilcourage wäre ohne sie schlichtweg nicht existent.

# Nicht zu nahe ...

Es liegt im tiefsten Wesen eines jeglichen, auf sein eigenes Ende zu-
zugehen. Oftmals führt dieser Weg durch die Tiefen von Verletzung,
Leid und Entbehrung. Und nicht selten erschüttert das die betroffenen Menschen im Kern ihres Selbstverständnisses. Dass uns als
Beobachter, möglicherweise Mitbetroffene, Angehörige oder einfach nur Mitmenschen dies gleichfalls nahegeht, resultiert aus
einer unserer schönsten Gaben, der Empathie. Manchmal weitet
sich diese, je nach der Nähe, in der wir zu einem Menschen stehen,
in wahrhaftiges Mitleiden hinein. Ohne diese Gefühls- und Seelen-
regungen würde der Menschheitsraum erkalten und irgendwann
sogar seine Fähigkeit verlieren, neues Leben hervorzubringen.

Doch scheint die Frage nicht obsolet, welche Nähe und Tiefen-
schärfe wir den Berührungen aus der Schmerz- und Sorgenwelt zugestehen dürfen. Denn Nähe ist nicht nur ein kostbares humanes
Attribut, sie vermag auch zu lähmen, ja in einen Sog zu ziehen, der
aus der Mitte unseres Wesens führt. Hinter vielen Erfahrungen auf
dem Lebensweg stehen Umstände und Verhältnisse, zu denen wir
nichts können und auf die wir auch wenig bis gar keinen Einfluss
zu nehmen in der Lage wären. Sie sind nun einmal da, beeinflussen mich, aber repräsentieren deswegen noch lange keinen Teil von
mir. Entsprechend möchte ich ihnen nicht zugestehen, zu nahe an
mich heranzutreten.

Unsere Lebensrolle spielen wir innerhalb der uns gegebenen
Bedingungen. Zugleich bleibt es aber eben eine auf die sogenannten Verhältnisse und eine entsprechende Mitwelt hin gerichtete
Rolle. Von den Verlusten, die ich in diesem Spiel möglicherweise
erleide, wird der Seelengrund nicht getroffen, auch wenn der Emp-
findungskörper vor Schmerzen schreit. Oft folgt jedoch aus solchen
Erfahrungen eine sich allmählich aufbauende Verlustangst, die auf

dem weiteren Lebensweg begleitet. Sie verunsichert, macht übervorsichtig und blockiert Offenheit. Chancen zum inneren Wachstum, gerade auch innerhalb der Erfahrung des Verlustes, rücken aus dem Wahrnehmungs- und Handlungsfeld.

Verlustangst hat diverse Gründe. Unsichere Bindungsmuster, die oft bis weit in die Kindheit zurückreichen und die nicht selten auch in Bindungsangst münden, gehören an vorderster Stelle dazu. Schlagartig erhebt sie sich aus dem Nichts, wenn ein schwerer Schicksalsschlag uns trifft. Doch es geht nicht nur um zwischenmenschliche Beziehungen. Auch Status, Besitz, Anerkennung und Wertschätzung sind mit im Spiel. Als eine alles überschattende innere Verunsicherung lässt Verlustangst frischen Lebensblüten keine Entfaltungsmöglichkeiten und sie mag gar in Resignation oder grundlegend lebensfeindlicher Verbitterung münden. Gleichwohl hat sie, wenn ein Mensch ihre Ursachen und ihr Wesen als unbewusste Schutzstrategie einmal erkannt hat, das Potential für ein tieferes Lebensverständnis, eine unerschütterliche Weisheit. Dann durchschaut sie nicht nur die ggf. toxische Qualität, die in jeder Beziehung und jeder Anhaftung potentiell lauert, sondern transzendiert sie zu Freiheit in einer wertgeschätzten Verbindung. Schließlich weist sie den sich sorgenden Menschen darauf hin, dass er das Wesentliche und Essentielle nicht verlieren kann. Denn es umgibt ihn als personales und zugleich transpersonales seelisches Feld und als zeitloser Seinsgrund allenthalben.

Wenn wir von den Bedingungen sprachen, in die ein Mensch gestellt ist und in deren Rahmen er handelt, so sollte dies nicht als blinde Hinnahmebereitschaft hinsichtlich dieser Bedingungen missverstanden werden. Gegen so manches, was man als den Umständen geschuldet verharmlost, müssen wir rebellieren. Unrecht, Armut, Hasskulturen und Verbrechen an der nicht menschlichen Mitwelt sind hier zu nennen. Aber zum Leben an sich in seinen Ge-

gebenheiten, Koordinaten, Grenzen, seiner Unberechenbarkeit und trotz aller Beschränkungen doch immer auch gegebenen Möglichkeiten gilt es, JA zu sagen. Nur dann kann daraus das folgen, was mit dem Wort „Erfüllung" umschrieben wird.

Täglich gibt es unbekanntes oder vielleicht sogar bislang angstvoll und bewusst gemiedenes Land in den Innen- und Beziehungswelten zu entdecken. Gelegenheiten bieten sich, ungute Gewohnheiten über Bord zu werfen, sich vielleicht grundlegend neu zu erfinden. Und statt endloser Klage über Gewesenes und Verlorenes und damit einhergehender Verbitterung kann es nach der notwendigen Trauer als Aufgabe betrachtet werden, Dankbarkeit dafür zu entwickeln und auszusprechen, dass das heute Vergangene eine Zeitlang in meinem Feld sein durfte und sich Begegnung ergab. Ansonsten ist die Gefahr groß, nicht mehr aus der Spirale herauszukommen, in der das eigene Leben fast nur noch an Verlusten oder an Unerfülltem gemessen wird. Die Bedeutung des irdischen Seins kann dann nicht mehr verstanden werden.

# Judas

Ein Mann, vom Meister erwählt und zum Jünger berufen, sieht sich in seinen Erwartungen enttäuscht. Er begeht Verrat und setzt damit einen folgenreichen Handlungsstrang in Gang. Festnahme, Verhör, Verurteilung, Vollstreckung.

Judas, der Jesus ausgeliefert haben soll, gilt als die Verkörperung des Verräters schlechthin aus niederen Beweggründen. Ein *Judas* steht außerhalb der ehrenwerten und selbstgerechten Gesellschaft. Kann man ihn identifizieren und markieren, hat man einen Sündenbock und braucht sich nicht weiter um möglicherweise tieferliegende Ursachen eines Geschehens zu kümmern.

Was die historische Gestalt des Judas Iskariot betrifft, gibt es allerdings unterschiedliche Deutungen hinsichtlich seiner wahren Motive, die zur Festnahme des Nazareners führten. Darum wird immer wieder gerungen und es gibt auch die Lesart, dass er eine herausragende Rolle hat, weil er durch sein Handeln die Passionsgeschichte und damit überhaupt erst die Erfüllung der Schrift und das Heilsgeschehen ermöglicht hat. Ob man ihn nun als Gestalt sieht, die letztlich im kompromisslosen Dienst an der Erwählung und Berufung Jesu stand, oder doch nur als eine wankelmütige und schwache Persönlichkeit, die an ihrem Verrat zerbrochen ist: Das Geschehene weist uns exemplarisch auf verschiedene Handlungsebenen und Handlungsfolgen hin. Sie gilt es im Blick zu haben, wenn wir uns historischen Ereignissen angemessen und nicht nur vordergründig nähern wollen:

- Da ist die unmittelbare Aktion, nur auf sich selbst gerichtet und in sich selbst begründet. Der Handlungszusammenhang verbleibt bei sich, schlägt keine Wellen. Mögliche langfristige Wirkungen sind nicht bedacht, nicht intendiert und von ihrer Bedeutung her zu vernachlässigen.
- Es wird etwas Überraschendes ausgelöst, was nicht in unmittelbarem Begründungszusammenhang mit einer Tat bzw. einer Handlung steht. Es kommt zu Domino-Effekten, die nicht vorhersehbar waren.
- Das Geschehene trifft einen vorher nicht gesehenen und auch nicht vermuteten Kipppunkt, der den Lauf der Geschichte grundlegend verändert. Der berühmte Schmetterlingseffekt der Chaos-Theorie.
- Eine als unscheinbar verschleierte Handlung wird bewusst in der Gewissheit bzw. Erwartung vollzogen, damit ganz andere Ziele zu erreichen als der Ereignishergang zunächst ahnen lässt.

Betrachtet man das Tun und Nichttun von solch verschiedenen Ebenen her, wandelt sich auch die jeweilige Bedeutung der Handlungsträger. Eine Untat bleibt dann zwar eine Untat, der Verbrecher ein Verbrecher. Doch gleichzeitig ist es wenig sinnvoll, bei solcher Feststellung zu verharren. Die Kontexte werden wichtiger und das verursachte Folgegeschehen, das sich ansonsten nicht bzw. nicht in dieser Weise ereignet hätte. Und dann wird möglicherweise sichtbar, dass ein Täter, auch ein Attentäter, mit seinem Tun ungewollt zu einem Werkzeug der Geschichte geworden ist. Und es zeigt sich zudem, dass ein Tatkomplex selten aus dem Nichts geboren und vollzogen wird. Vielmehr kann er mit angestauten und zugespitzten Bedingungen und Stimmungen in Verbindung gebracht werden. Nicht nur das Beispiel Judas steht dafür, sondern exemplarisch etwa auch das Attentat auf den Thronfolger Österreich-Ungarns, Erzherzog Franz Ferdinand, am 28. Juni 1914. Es führte in einer politisch und militärisch aufgeladenen Situation in den Ersten Weltkrieg und in den weiteren Folgen zu einer grundlegend veränderten europäischen „Architektur".

In Friedrich Schillers Satz aus seinem Drama „Wallenstein", dass es der Fluch der bösen Tat sei, fortwährend Böses zu gebären, begegnet uns eine tiefe Wahrheit. Doch wir registrieren gleichzeitig, dass es, auf Dauer betrachtet, oft auch das „Gute im Bösen" gibt.

Ein Aggressor verwüstet das benachbarte Land, vernichtet Leben, erschüttert die, die sich, nach Frieden sehnend, behütet in einem aufgeklärten Zeitalter sahen. Die Aktien der Kriegsindustrie steigen. Doch demokratische Systeme werden auch aus ihrer Schläfrigkeit geweckt, Zusammenhalt entsteht und fördert die Solidarität der Menschen mit den Opfern. Vorher nie gedachte Optionen werden befreit.

Das Gute im Bösen darf nie als Rechtfertigung dienen – und will doch gesehen sein, wenn wir der Geschichte gerecht werden und aus ihr lernen wollen. In der oft schauerlichen Paradoxie und Dramaturgie historischen Geschehens steht das verwerfliche Tun am Umkehrpunkt zu so manchen Ermöglichungen und Durchbrüchen, die im Nachhinein auch positiv gesehen werden. Der historische Prozess als solcher ist in seinen Wellenbewegungen jenseits von Gut und Böse. Aus einem Jahrtausendblick schauen wir auf das, was im Menschen lebt und was die Macht hat, sich zu verwirklichen. So zeigt sich auch in dieser Frage, dass Entwicklung und Macht genauso wenig klar zu trennen sind wie Gut und Böse, wie Verhängnis und Segen. Und die Maßstäbe dafür, zu welcher Seite hin wir den Regler der Interpretation schieben, setzt jenes, was Kultur genannt wird. Diese allerdings scheint eine vollkommen unberechenbare Persönlichkeit zu sein.

## Lasst die Kunst in Ruhe

Das Verunstalten von Kunstwerken, selbst wenn es sie nicht zerstört, sondern nur beschmutzt, hat den politischen Aktionismus erreicht. Hier allerdings liegt eine Grenze, die nicht überschritten werden sollte. Der Angriff auf die wahre, nicht bloß zweckdienliche Kunst ist ein Angriff auf das Gute und Schöne, auf das, was wir das Erhabene nennen können. Auch wenn das nicht die Intention ist, sondern der Angriff lediglich auf Erwecken von Aufmerksamkeit zielt, richtet er sich doch gegen Impulse zur Verschönerung der Welt und damit genau auf das, was wir für die Gestaltung eines Übermorgen so dringend benötigen. Nichts ist wichtiger als all jenes, was Menschen aufzubauen vermag, womit sie in positivem Sinne in Resonanz gehen, was an ihre ästhetischen Sinne appelliert.

Der Cello-Spieler in den Trümmern einer zerbombten Stadt; das Wandgemälde *Guernica* von Picasso, aus dem uns die Schrecken des Krieges gleichsam anspringen; Smetanas *Moldau*, in der er Macht und Würde der Elemente zum Klingen bringt; Caspar David Friedrichs romantische Naturverklärung, aus der die Sehnsucht nach einer heilen Beziehung von Mensch und Schöpfung spricht; Banksys Streetart-Graffiti, die Gewalt, Widerstand und Hoffnung vereinen ... Je ärger die Umstände, desto mehr braucht es Stimme, Energie, Präsenz und Ausdruck des Künstlerischen. Da ist dieses ganz eigene, dieses Besondere, Berührende, das sich im Ästhetischen und seiner Wahrnehmung als Schönheit zeigt, und das über die Zeiten und alle Abgründe hinweg Gestaltungskraft verkörpert.

Ästhetik und Schönheit sind auf ihre Weise in einem tiefen Sinne wahr. Wir begegnen hier einer jener seltenen Wahrheiten, denen wir uns, ohne zu zweifeln, stellen können. Sie nährt uns gerade in Zeiten, in denen dunkle Ahnungen sich verbreiten, dass Geschichte ein Ende haben könnte oder zumindest tiefe Brüche erlebt.

In der Kunst hat die Menschheit eine Weise gefunden, das zu spiegeln, was die in Natur und Kosmos liegende Wahrheit als Schönheit ausmacht. Zu Recht wurde sie in manchen Traditionen der Geistesgeschichte als die Modellierung der sichtbaren und unsichtbaren Wesenhaftigkeit, der sichtbaren und unsichtbaren Impulse des Werdens angesehen. Sie weist damit jenseits von allem, was greifbar ist, auch auf die Existenz des Geheimnisvollen. Sie ist dem Menschen Halt und Hilfe bei dessen Betrachtung.

Kunst gibt somit Zeugnis von dem, was Menschen an schöpferischer Erkenntnis hervorbringen können. Was sie in Jahrtausenden geschaffen haben – in ihrer Art zu malen, zu formen, sich zu bewegen, sich Ausdruck zu geben, zu singen und Klänge zu generieren – ist bei aller jederzeit mitschwingenden Vorläufigkeit doch auch der Ausdruck einer Gestalt annehmenden Sehnsucht nach Vollendung bereits im Hier und Jetzt. Diese Sehnsucht ruft danach, sich zu besinnen, innezuhalten, herauszutreten aus der Raserei.

Und es geht noch um mehr. Im Prozess der Wahrnehmung des Künstlerischen erweisen sich die Aussagen des Kunstwerks oft nicht nur in einer größeren Vielfältigkeit als Sprache. Ihnen scheint es möglich, die auf der Erde herrschende babylonische Bewusstseinsverwirrung zu überwinden. Deshalb kann Kunst durch ihre Ausdrucksweisen auch die Grenzen überspringen, die die Sprachen einer ökonomisierten und rationalisierten Welt mit sich bringen. In einem blitzhaften Moment kontemplativer Schau und intuitiver Einsicht verhilft die Kunst zu einem Erkennen, das sonst kaum zu erlangen ist. Sie erreicht die Seele noch da, wo andere Zugänge unzureichend sind. Die Bewunderung und das Staunen, das sie hervorzaubert, reichen schon, um auf das Wesentliche unausgesprochen zu verweisen. Vorstellungskraft wird geschürt. In der Imagination eröffnen sich Einblicke, wie Welt möglich sein kann.

Der künstlerische und ästhetische Prozess entfaltet seine Faszination in einer grandiosen doppelten Bewegung. Über das Absurde und Abstoßende im Dasein legt er einen Schleier der Schönheit. Er lindert das Entsetzen. Zugleich werden die Verschleierungen einer Wirklichkeit demaskiert, die den Zugang zum Möglichen verdecken. So hilft die Kunst nicht nur, mit der Wirklichkeit fertig zu werden. Sie schlägt auch Löcher in den Beton der Beharrung. Zart scheint durch sie das Licht eines besseren Morgen.

## Hingabe

Dass Geben eins sei mit Empfangen gilt als eine tiefe spirituelle Wahrheit. Wie wir geben, so werden wir empfangen; ein Grundsatz, der dem universalen Gesetz der Resonanz folgt. Doch es schwingt in dieser Sicht, wenn sie uns zum Geben ermuntern oder auffordern will, etwas Unschönes mit: die Zweckhaftigkeit, die Nützlichkeit, das „um zu …" und eine darauf bezogene Erwartung – und wirft so auf den uneigennützigen Selbstwert des Gebens einen Schatten.

Wir sind selbst Gegebene, ein Geschenk des Lebens an sich selbst. Und so betrachtet, gehören wir uns nicht, sondern sind Teil des universalen Flusses aus Sein und Werden und Vergehen. Es wartet dann in dem, was wir das Leben nennen, nichts Wichtigeres und zugleich Selbstverständlicheres, als uns in diesem Fluss zu verströmen. Der Tropfen geht bewusst im Ozean auf und reklamiert nicht sein selbstgefälliges Eigensein. Wir geben einfach bedingungslos frei, was uns auch ohne Bedingungen gegeben wurde und sich in uns formen durfte. All diese schönen Kräfte in uns braucht die Erde in diesem Moment, ohne Gegenerwartung. Und im Letzten schenken wir es ja uns auch selber und den nach uns Kommenden.

Weltweit sind wir so gepolt, dass wir in Eigentumsbegriffen denken, die zwar entwicklungsgeschichtlich erklärbar, gleichwohl paradox in höchstem Maße sind. Keinem Lebewesen gehört Land und Boden an sich; keiner kann den in ihm ruhenden Geist als nur für sich reklamieren; niemand hat ultimative und ausgrenzende „Rechtsansprüche" auf seine kulturell erworbenen Fähigkeiten und Gaben. Alles kommt aus dem Ganzen und steht in seinem Dienst. Im Bewusstsein, dass es mir nur zur Verfügung gestellt wurde, kann ich mich dann entfalten. Im Dienst am Leben entsteht meine Freiheit!

In einer solchen Blickweise muten Claims, Patente, Copyright-Ansprüche, Gerede von kultureller Aneignung etc. als das an, was sie auch sind: eine evolutionär spätpubertäre Regung. Alles, was dem Leben dient, braucht einen unbegrenzt freien Zugang, um unbeschränkt überall wirksam werden zu können. Nur wenn dies in unsere kulturelle Evolution ohne Hindernisse und Regulierungen einfließen kann, vermögen wir vielleicht den erforderlichen gigantischen Bewusstseins- und Entwicklungssprung zu vollziehen, der in das Wunder der Transformation unserer Gattung hineinführen mag. Und ohne dieses Wunder kommen wir nicht davon. Kein Gutes ist dafür zu klein, kein erhabener Impuls von uns vergebens. Nebenbei geht damit das Erwachen einer entsprechenden Selbstachtung einher, die aus der Achtung dem Leben gegenüber erwächst.

# Das Leben
# als Hindurch

# Leben ist Leiden

Dass Leben Leiden sei und das Vergehen und der Verfall tief verwurzelt im Wesen allen Seins ruhe, ist eine nur zu oft zitierte buddhistische Weisheit. Ihrer überzeitlichen Wahrheit kann man sich schwerlich entziehen. Der Blick jedoch, mit dem sie sich offenbart, ist einseitig, unzureichend und passiv. Sicher, man mag die Welt mit Augen beobachten, die vor allem den Verfall wahrnehmen, und dann wird man auch nur Verfall sehen. Wir können das Auge gezielt auf das Leiden von Mensch und Kreatur richten, dann wird es unermessliches Leiden erkennen. In allem mögen wir das Vorübergehende und sich Auflösende spüren und dann wird sich selbst der erhabenste Moment auf seinem Gipfelpunkt bereits wieder zum Verschwindenden neigen. Glück des Moments, tiefes Glück, das sich bewahrt, auch wenn der Moment, der dir das Glück schenkte, bereits wieder vorbei ist, wirst du so nie erfahren. Vielleicht will das der Experte des Vergehens aber auch gar nicht, denn das könnte ja mit Anhaften verbunden sein. Und Anhaften gilt im Buddhismus als wesentliche Ursache allen Leidens.

Wir können die Welt aber auch mit Augen sehen, die in Resonanz mit dem Erhabenen und Schönen gehen, mit Augen, in denen Leben sich als eine unversiegbare Quelle darstellt, die einen unermesslichen Reichtum an Potentialen und Entwicklungschancen hervorbringt. Diese Potentiale ruhen in jedem von uns und in jedem Leben. Nehmen wir sie ernst und mindern uns nicht in der Größe, die uns beigegeben ist, dann werden wir Wundern begegnen, die wir uns nie getraut hätten auch nur zu denken. Und jedes dieser Wunder wird sich in einem besonderen Moment offenbaren, der immer über seine zeitliche Momenthaftigkeit hinausreicht. Denn er hat vielleicht die Ewigkeit berührt oder ist selber aus der Ewigkeit als Lichtstrahl getroffen worden ...

Unsere Augen sind Organe von Kopf, Herz und Seele. Sie schwingen mit deren Befindlichkeiten. So ermöglichen sie immer den Zugang zu beidem, dem Dunklen und dem Hellen und allem, was dazwischen liegt und auch dem, das weit darüber hinausreicht. Denn vergessen wir nicht: Die Seele ist ein unendliches Feld, in dem wir uns befinden ... Wir befinden uns in der Seele, die Seele ist nicht etwas Eingekerkertes in uns. Johann Wolfgang von Goethe formulierte das so:

*„Wär nicht das Auge sonnenhaft,*
*Die Sonne könnt es nie erblicken;*
*Läg nicht in uns des Gottes eigne Kraft,*
*Wie könnt uns Göttliches entzücken?"*

Ob wir sonnenhaft sehen oder schattenhaft oder irgendwie dazwischen oder auch weit und unbestimmbar darüber hinaus – das bestimmen wir im Letzten selbst: durch die Energien, die in uns leben, die wir leben lassen und denen wir Wahrnehmungsraum geben.

Immer beide polare Blickweisen im Spiel zu halten und sie als Einheit in Unterschiedlichkeit anzunehmen und zugleich immer dem Darüberhinaus, dem Transzendenten Raum zu geben – erst das wird der Wirklichkeit des Menschlichen und des Universums insgesamt gerecht, als ein InteGRAL.

## Mut zum Werden

Es ist ergebnisoffen, was die gegenwärtigen, globalen Krisen für die Menschheit bedeuten; das Aussterben unserer Art als eine gegebene Möglichkeit denkbar inbegriffen. Dieser Ausgangslage können wir durch Distanzierung oder Verdrängen nicht angemessen ge-

genübertreten. Vielmehr erfordert sie das Bewusstsein von unserer direkten Teilhaftigkeit und Eingebundenheit sowie das Empfinden einer universalen Verbundenheit mit allen Lebensprozessen. Dann lässt sich auch der Verführung durch jene Heilsversprechen vorbeugen, in denen die radikale Herausforderung, in der wir stehen, lebensgefährlich simplifiziert wird. Vielfalt und Widersprüchlichkeit des Gegenwärtigen dulden keine Vereinfachung und damit verbundene mentale Fluchtprozesse. Das mögliche Neue deutet seine Konturen vielmehr nur im Erfahren und Aushalten dessen an, was ist – und damit in dem, was wir Mut zum Sein und Mut zum Werden nennen können. Davon benötigt der Mensch in Zukunft eine außerordentliche Menge. Denn die Zerbrechlichkeit der Lebensprozesse in dieser Erdzeitstunde, die unausweichlichen Katastrophen und die damit verbundenen wohl noch vor uns liegenden apokalyptisch anmutenden Opferzahlen, nicht nur aufseiten des Menschen, werden alle Gewissheiten und Sicherheiten infrage stellen. Und doch sind sie die notwendige Voraussetzung für ein schöpferisches Weiterbestehen, oder besser: eine schöpferische Weiterentwicklung. Nur existentielle Infragestellungen des Seins vermögen uns noch aus der selbstmörderischen Gewohnheits- und Bequemlichkeitsfalle zu reißen.

Das Edelste im Menschen wird nicht befreit und gefördert im Zustand bedürfnisloser Gleichheit und Glückseligkeit. Verschwänden das Dunkle und Schmerzhafte aus der Welt, vor allem jenes, das wir selbst verursacht haben, verlören wir uns in völliger Beliebigkeit. Paradiesisch entmündigt, nähmen wir kein Entwicklungspotential wahr, das zu füllen wir dringlichst gerufen sind.

In diesem Lebensparadox geht es letztendlich für Mensch und Menschheit um die Erfahrung eines neuen anthropologischen Selbstseins und Selbstwerdens als *Hindurch* – trotz aller Widersprüche und aller Ohnmachtserfahrungen und allen Scheiterns. So kann das Gebrochene in der Evolution und in der Kultur, kann das jederzeit mögliche und sich ereignende Desaströse und Tragische zur Fruchtbarkeit bewältigter und überlebter Niederlagen mutieren.

Die schmerzhafte Einsicht in die Tatsache und das entsprechende Erspüren, dass diese Epoche sich dem Leben gegenüber falsch eingerichtet hat, sollten wir also als ein hohes zukunftsweisendes Gut ansehen. Und dies gilt sogar dann, wenn wir uns eingestehen müssen, keine Wegweisung zu kennen, und somit endlich respektieren, dass es die so ersehnten umfassenden Klarheiten nicht mehr gibt – wenn es sie denn jemals gab.

Lebenswerte Zukunft steht nicht als eine fertige und mit konkreten Schritten erreichbare Utopie mit entsprechenden romantisch verkitschten Bildern vor uns. Vielmehr schälen sich die Konturen des Neuen erst im konsequenten Gehen des lebensdienlichen Weges heraus. Dieses Neue wird anders sein als das, was wir im Erschrecken über die Folgen unserer Zerstörungen so ersehnen. Es wird in eine grundlegend andere Welt führen. Lebenspolitik bedarf zu ihrer Verwirklichung einer radikalen Transformation der Strukturen, die Gesellschaft und Kultur prägen. Gleichwohl würde nichts gewonnen, wenn der einzelne Mensch sich an seinem Lebensort entsprechender Orientierung, innerer Ausrichtung und äußerer Umsetzung versagt.


## Koyaanisqatsi

Koyaanisqatsi ist ein Begriff der indigenen nordamerikanischen Hopi. Er bedeutet das Leben in einer Welt, die aus dem Gleichgewicht geraten ist, die Welt der Gegenwart. In der Hopi-Mythologie wird die Entwicklung der Menschheit als eine absteigende gesehen, die mit der Vernichtung endet, um irgendwann wieder neu zu beginnen. Wir leben am Ende des untersten der vier Zeitalter. Unfrieden, Habsucht, Krieg und die Zerstörung der Natur werden es beenden. Nur diejenigen können überleben, die verstehen, im Einklang mit der Erde zu leben. Lange schon versuchen die Hopi, die Weltgemeinschaft darauf aufmerksam zu machen.

Welt im Ungleichgewicht. Besser könnte man das, was uns von der Naturzerstörung über die Vernichtung der Arten bis zu den Kriegen unter den Menschen begleitet, nicht auf den Punkt bringen. Nüchtern betrachtet. Was jedoch an Unglaublichkeit in der menschlichen Selbstwahrnehmung kaum steigerbar scheint, ist der Umstand, dass wir uns in unseren Ansprüchen an das Leben zumeist immer noch im Recht glauben. Wir sind nicht bereit, sogenannte Selbstverständlichkeiten mit eingebauter Todesfolge loszulassen.

Die Gegenwartsmenschen sind in ihrer Welt ziemlich hoffnungslos verfangen. In den Bedürfnissen, den momenthaften Wahrnehmungen, den Urteilen, die aus Prägungen und emotionalen Befindlichkeiten erwachsen. Sie sind gefangen in der Zeit, loben Wert und Absolutheit der jeweiligen Sekunde. Das folgt an sich zu Recht dem Grundgebot der Achtsamkeit gegenüber dem Moment, in den wir immer wieder neu eintreten, auch wenn die Zeit ein Fluss ist. Die Kostbarkeit und Einzigkeit des Moments wahrzunehmen und wertzuschätzen ist das eine. Jeder Atemzug verdeutlicht: *Jetzt* ist das Leben, *jetzt* umgibt mich Fülle, *jetzt* will Geschichte an Vollendung erinnern. Ich erblicke Kairos.

In dieser Weltzuwendung verbirgt sich bei aller Schönheit jedoch die Gefahr, dass wir nicht nur den Moment, sondern uns selbst und unsere auf den Moment bezogenen Erwartungen absolut setzen. Das kann dann bedeuten: *Jetzt* hat das Notwendige zu passieren; *jetzt* muss sich die Krise lösen; *jetzt* mögen sich meine Wünsche erfüllen. Aber bitte nichts an meinen Gewohnheiten ändern. Die Ansprüche in der Gegenwärtigkeit bedrängen so das im

Fluss der Zeit ruhende Element der Rechtzeitigkeit. Alles soll gebogen werden auf mein Wollen hin. Und zeigt es sich nicht von sich aus willig, kommt Gewalt ins Spiel. Das eint das Haben-Wollen der Aggressoren und das Festhalten-Wollen derer, die sich im Besitz von etwas wähnen.

Das Universum kennt keinen Besitz, keinen Status der Unantastbarkeit. Alles ist in Bewegung im Rahmen der ewigen Gesetze von Werden und Vergehen und der kosmischen Regeln, die diesen Prozess steuern bzw. sich einfach ereignen lassen; innerhalb einer Zeitigkeit, die sich nicht nach Menschenuhren richtet. Mit Blick darauf verdient auch das eine andere Betrachtung, was wir Erfolg nennen oder Vollzug oder gar Vollendung.

Ein Land wird von seinem Nachbarstaat brutal überfallen. Man wehrt sich, verteidigt die Freiheit, bis das Land in Trümmern liegt und viele Kinder keine Väter und viele Frauen keine Partner mehr haben. Vielleicht kann man so seine Freiheit teilweise bewahren und der Selbstachtung gerecht werden, blickt dann in die Zukunft aber auf Ruinen. Was für ein Sieg ... Um nicht missverstanden zu werden: In sich, innerhalb der dominierenden Zeitlichkeit und auch in der Dialektik von Aggression und Wehrhaftigkeit, ist solches stimmig. Es folgt bis zu einem gewissen Grade den vorherrschenden Wertekoordinaten. Nimmt man das Ganze in den Blick, den Zustand von Mutter Erde, die unmittelbare Betroffenheit von Menschen einschließlich der Langzeitfolgen, weit bis in die nächste Generation hinein, gelangen manche alte Weisheiten zu einer aktuellen Bedeutung: Halte auch die zweite Wange hin. Das Zarte und Schwache wird auf Dauer siegen. Das Zurückweichen führt in den Erfolg. Lass dich von dem ungestüm voran Dringenden und Drängenden nicht zu Gleichem in deiner Wahrnehmung und Reaktion zwingen.

Wir nehmen hier ein grundlegend anderes Denken wahr. Es folgt überzeitlichen Gesetzen und dem Primat von Leben und dauerhaftem Überleben auf allen Ebenen. Noch sind wir jedoch nicht bereit, um des Ganzen willen irgendetwas aufzugeben, etwas zu lassen, selbst Unrecht einmal hinzunehmen. Heilung und Rettung einer für den Menschen lebbaren Welt und gleichzeitig die konviviale Einbindung des Menschengeschlechts in den Fluss des Lebens erfordert aber gerade heute eine Perspektive, die weit über uns und unsere Bedürfnisse hinausreicht. Sie sieht das Gegenwärtige immer im Dienst an dem Langfristigen und an den Kommenden. Was hinterlassen wir ihnen? *Das* ist die entscheidende Frage.

Als höchstes Ziel steht das Leben an sich in seinen vielfältigen Möglichkeiten. Wird es einem zivilisatorischen, ja selbst humanistischen Ideal und Wert geopfert, stimmen die Prioritäten nicht mehr. Dann mag es sein, dass der aufrechterhaltene äußere „Wert" – den inneren kann sowieso nichts berühren – überlebt, aber kaum noch etwas an Leben und Lebensmöglichkeiten da ist, worauf er sich beziehen und weiter entwickeln könnte.

Die Verwirklichung mancher hohen Ideale in einer unvollkommenen und zerrissenen Welt muss manchmal Umwege gehen, wenn sie sich auf Dauer in der menschlichen Seinsweise niederlassen will. Das hat nichts mit Feigheit zu tun und Laissez-faire. Vielmehr folgt es in historischen Ausnahmesituationen einer höheren Vernunft, die sich ganz der Hingabe für die Lebensmöglichkeit in einem Morgen verschrieben hat.

## Wissen, wohin wir wollen

Zu wissen, wohin wir wollen, als Person und als Menschheit insgesamt, sollte nicht mit der Existenz eines anpeilbaren Zielpunktes verwechselt werden. Es geht bei der Seinsreise vielmehr um einen heilenden Prozess. Was wie ins Leben treten will, zeigt sich in der

Bewegung. Der Blick öffnet sich im Zugehen auf den Horizont einer Weltgemeinschaft, die der Würde des Lebens ihre Referenz erweist.

Ein lebensdienliches Ethos und das darauf bezogene Denken, Empfinden und Handeln, verfeinern das Feld des Geistigen auf dieser Erde. So kann sich ein umfassendes geistiges Gewebe bilden, welches das menschliche Gewissen auf eine neue, sensiblere Ebene heben wird. *Gewissen* ist dann nicht mehr „nur" ein intuitiver Impuls, sondern es gründet darüber hinaus auch auf einer lebensdienlichen Vernunft und Spiritualität. Jeder einzelne Mensch und jede noch so kleine Gruppe sind hierbei von außerordentlichem Belang. Um es mit Albert Schweitzer zu sagen: „Es ist kein Kreis zu klein, dass nicht das Größte drin gewirkt werden könnte, und keine Kraft, die in Wahrhaftigkeit und Gottvertrauen tätig ist, geht verloren".

Es kann ergänzt werden, dass auch solche Gedanken und Energien nicht verloren gehen, die nie die Chance hatten, den Raum der Öffentlichkeit zeitnah zu betreten. Manchmal kommt ihre Stunde später, manchmal völlig unverhofft; manchmal ruhen sie still vor sich hin, manchmal verwelken sie langsam im Strom der Zeit. In jedem Falle hinterlassen sie Spuren im Geistes- und Bewusstseinsfeld dieses Planeten.

Die Kulturgeschichte ist voll von den Geschichten einzelner Menschen und kleiner Gruppen, die große Transformationen in Gang setzten oder den letzten Ausschlag für einen Systemwandel gaben. Gerade in den gegenwärtigen Zeiten mag uns dies Mahnung, Hoffnung und Zuversicht zugleich sein. Niemand weiß, wie viele derer es bedarf, die zur rechten Zeit, in rechter Energie, am rechten Ort den heilenden Wandel auf der verwundeten Erde bewirken können. Denken wir etwa nur an das schwedische Mädchen namens Greta, die mit einem Pappschild und eisernem Willen allein vor ihrer Schule saß.

Und so gilt es, nicht auf Zahlen zu schauen, nicht zu zögern und nicht zu zagen, sondern zu beginnen, schon jetzt den Traum und das ersehnte Ideal zu leben – in der jeweils möglichen Eigenheit und Konsequenz. Potentialität ist immer da, in jedem Moment. Schon allein das gibt Grund für eine tiefe Dankbarkeit.

Mancher Aufbruch begegnet Kraftlosigkeit, Unvermögen, Ohnmacht. Das Bewusstsein, an Grenzen geworfen zu sein, stößt unbarmherzig auf die Tatsache, dass es an dem Punkt, an dem wir angelangt sind, nicht weitergeht; nicht mit den bekannten Mitteln, nicht auf den vertrauten Wegen. Ohnmacht und Scheitern konfrontieren den Menschen mit Grenzerfahrung. Das erscheint zunächst als Defizit. Doch nur so lerne ich, jene Tiefe des Seins zu erkennen und zu spüren, die jenseits jeder Grenze liegt bzw. weit über sie hinausweist. Erst dadurch wird es möglich, sich angemessen in das Sein zu entfalten und es zu gestalten. Die Konfrontation mit der Ohnmacht ist zugleich ein Zeichen für das Mögliche. Es beginnt mit dem Erkunden und Ausloten der Gründe für mein Ohnmachtsbefinden. Ich stelle die alten Ziele, die alten Wege und das alte Problembewusstsein infrage. Und ich lerne, dies zu kommunizieren. Nun öffnet sich der Raum, damit neue Perspektiven durchscheinen können.

Mit dem Zugeständnis der Schwachheit und der Ohnmacht, in Verbindung mit dem Drang, beides in seinen Gründen zu verstehen, kommen wir bei uns an. Menschen lernen in jenen Kräften zu ruhen, die ihnen wirklich eigen sind. Jetzt sind sie an dem Punkt, zu erspüren, dass diese Kräfte nicht vereinzelt, sondern Teil eines unendlichen Kraftstromes sind, der jedes Leben umgibt und trägt; auf jeweils seine Weise und seine Intensität. Mit dieser Einsicht und einer entsprechenden Erfahrung kann eine neue Offenheit, Freude am Unbekannten und am Abenteuer entstehen. Das hält auf dem Weg.

## Im Geist der Utopie

Thomas Morus (1478–1535) brachte das Wort „Utopie" in die Welt. Der Humanist, katholische Heilige und Schutzpatron der Staatenlenker und Politiker entwarf den im humanistischen Sinne idealen Staat auf der Insel Utopia. Vom Begriffsverständnis her meint „Utopia" einen Ort, den es nicht gibt bzw. der nirgendwo ist: *topos* – das ist der Ort; das *u* davor steht für Verneinung, also „Nicht-Ort". Eigentlich, so heißt es in einem Gedicht, das dem 1516 erstmal erschienenen Werk vorangestellt ist, müsse diese Insel statt Utopia „Eutopia" heißen, der gute, glückliche Ort.

Utopien formulieren Antworten auf ungute gesellschaftliche und politische Zustände. Dunkle Zeiten provozieren Neuentwürfe von Staat und Kultur, in denen indirekt immer auf die zugrunde liegenden Defizite rückgeschlossen werden kann. Die Utopie ist ohne die Unzufriedenheit mit dem Gegebenen und dem daraus erwachsenden Unbehagen nicht zu verstehen. Und da Menschen wohl eigentlich immer irgendein Unbehagen an der Kultur und ihrem Sein in sich tragen, gesteht das der Utopie gleichsam ein selbstverständliches Existenzrecht zu. Sie gibt der Sehnsucht des Menschen in heilsamer Phantasie ein Ventil, schenkt Hoffnungen, verbindet sich aber auch mit Erwartungen. Sicherlich steckt immer ein Kern von Realisierbarkeit in ihr. Gleichzeitig sagt sie jedoch nichts Konkretes über das aus, was einmal sein wird. Stattdessen führt sie in den Raum, der lediglich das beheimatet, was sein *könnte* und was unter bestimmten Bedingungen machbar *wäre*. Der Konjunktiv und damit auch das Unerfüllbare schwingen so immer mit, genau allerdings wie Respekt, ja vielleicht sogar Ehrfurcht vor dem unbekannten Land. Beides hält sie in einem schwebenden Verhältnis zu Geschichte, Gegenwart und Zukunft. Es gilt gleichwohl zu sehen, dass allein schon das Formulieren und Aussprechen eines unbestimmten Zukünftigen die Gegenwart verändert. Denn es hebt Gestaltungsräume überhaupt erst ins Bewusstsein und macht sie dadurch diskursfähig. Utopie also ist weit mehr als nur ein Traum! Sie verändert Wirklichkeit bereits durch ihre bloße Präsenz.

Gegenwartskritik, Unrechts- und Unfreiheitsbewusstsein auf der einen, Hoffnungen, Erwartungen, aber auch die darauf bezogene Unbestimmtheit auf der anderen Seite – in dieser Ambivalenz des Utopischen ruht immer auch Missbrauchsgefahr. Die Geschichte der politischen, religiösen und gesellschaftlichen Utopien weiß davon manches zu erzählen – vor allem, wenn Gesamt- und Weltentwürfe einhergingen mit Macht- und Herrschaftsphantasien ihrer Urheber. Öffnete der Strom der Geschichte in diesen Fällen das Fenster der Machbarkeit, folgten nicht selten Tyrannei und autoritäre Regime. Die Blutlachen hinter Robespierre, hinter Lenin, Stalin, Hitler, Mao und Pol Pot genau wie hinter manchen religiösen Fanatikern legen ein schreckliches Zeugnis ab. Diese Exzesse konnten sich in der Historie der Menschheit vor allem auch dadurch wiederholt ereignen, weil in Zeiten der Krise die Ambivalenz von Heilsversprechen und ihre immer mitzudenkende Uneinlösbarkeit selten nüchtern analysiert werden. Das macht sie totalitär anfällig. Es gilt unter dem Gesichtspunkt des Zweideutigen der Utopie also immer ihren Missbrauch mit zu bedenken. Er ereignet sich, wenn machtbesessene, verantwortungslose, ja verbrecherische Politik mit der Reinheit utopischer Proklamationen verknüpft und gerechtfertigt wird.

Soll die Utopie zur segensreichen Intervention in gesellschaftliche und kulturelle Unzulänglichkeiten werden, muss sie bereits in ihrer Formulierung der Gefahr entgegenwirken, in totalitärem Sinne fehlinterpretiert zu werden. Aus dem idealen Wunsch und der faktischen Gegebenheit einen harmonischen und berührenden Klang zu generieren – das ist ihre Aufgabe. Grenzen des

Menschseins werden auch durch die Utopie nicht verschwinden. Die bestehenden aber lassen sich möglicherweise verschieben. Und innerhalb ihrer Markierungen können bislang unentdeckte Möglichkeiten erkannt werden.

Der Pfeil der Utopie fliegt nach vorne. Er ist nicht aus dem Köcher nostalgischer Vergangenheitsverklärung und einem infantilen Geborgenheitsbedürfnis gezogen. Vielmehr kündet er von dem Entwicklungs- und Reifegrad des Menschseins. Dieser steigt mit der Gewissheit existentieller Unsicherheit auf der einen Seite und der Gewissheit des Vermögens, jederzeit in neue Tiefen eintauchen zu können, auf der anderen Seite.

Der utopische Geist will über das Gegebene bzw. gegeben Scheinende hinaus und hofft so, die auf Beharrung drängenden Mächte des Gegenwärtigen zu schwächen. Denn behalten diese ihre Kraft, ihre Vormachtstellung und vor allem ihre Deutungshoheit, können sie kaum überwunden werden. In Koalition mit der menschlichen Trägheit sind sie dann nahezu unangreifbar und werden nie andere als traditionelle Antworten auf die Fragen aus der Zukunft geben können und vor allem wollen. Das jedoch führt in jenes Verhängnis, in dessen Mitte wir gerade stecken: nämlich, dass weiterhin als Heilmittel verkauft wird, was sich doch als Ursache der zivilisatorischen Krankheit erwiesen hat. Ökonomisches Wachstum ist dabei nur eines von vielen Beispielen.

Die Überlebenskrise, in der Mensch und Mitwelt sich in der Gegenwart bewegen, fordern ein Utopieverständnis, das sich von den alten, gescheiterten Rezepten der Moderne und Postmoderne vollends emanzipiert. Das schließt die Überwindung des herkömmlichen Fortschrittsbegriffs ein. Utopie heute – das bedeutet einer Logik der Liebe, des Lebens und des Überlebens zu folgen. Alles andere mündet unweigerlich in einer Antiutopie, Dystopie genannt.

Trotz allem offensichtlichen Handlungsdruck wird die große Herausforderung darin bestehen, dem neuen utopischen Denken gerecht zu werden in einem kulturellen Experimentierraum, der, bei aller unmissverständlichen und notwendigen Klarheit, statt Rigorismus ein einladendes und heilendes Verständnis von Freiheit ausstrahlt. Nur vor einer Illusion sei gewarnt. Auch die schönste, lebensdienliche Utopie wird nie alle Menschen erreichen. Das große *Trotzdem* sollte dies jedoch genauso wenig blockieren wie immer zu leben *als ob* ...

## Die Mutter der Utopie – Die Vision

Vision – das kann man zunächst als ein ins Innere gerichtetes „Sehen" oder besser: als eine Schau innerer Vorgänge verstehen. Wir begegnen hier einem sicherlich recht unscharfen Begriff, der vielseitig vereinnahmt werden kann. Was alle Bedeutungen eint oder doch zumindest in eine gewisse Nähe zueinander rückt, ist die Bezugnahme auf Erfahrungen und Vorstellungen, die das alltagsbezogene und alltägliche Denken überwinden. Die Vision ist nicht geplant oder bewusst herbeigeführt; sie geschieht, ereignet sich, widerfährt, ergreift. Sie öffnet und führt in einen eigenen Bewusstseins-, Wahrnehmungs- und Erlebnisraum. Zudem ist sie normalerweise an eine Person oder Personengruppe gebunden, auf die entsprechende Erfahrungen und Bilder zurückgeführt werden können.

Visionärem Denken begegnen wir in allen Kulturen und Religionen und der Großteil der Offenbarungsschriften ist von entsprechendem Gehalt. Denken wir nur an die Offenbarung des Johannes am Ende des Neuen Testaments. Sie verheißt nach der Apokalypse ein neues, himmlisches Jerusalem. Visionen und die sich auf sie gründenden prophetischen Berufungen sind untrennbar mit der biblischen Literatur und dem Anspruch einer gottgegebenen Mitteilung verbunden. Das gibt ihnen zugleich eine letzte Unangreifbarkeit und entzieht sie diskursiver Zugänglichkeit.

Besonders die mystischen Traditionen der Weltreligionen leben von der visionären Verkündigung. Im christlichen Kontext mag man da an Hildegard von Bingen (1098–1179) oder Heinrich Seuse (1295–1366) denken. Die religiöse Vision geschieht zwar durch den Menschen als Medium und richtet sich auf den Menschen als Geschöpf im Zusammenhang mit anderem Geschöpflichem; aber ihre Verwirklichung liegt in einem weiteren Horizont als dem menschlicher Planung und Verfügung. Er bewegt sich zwischen konkreter Heilserwartung und Zeitlosigkeit.

Ähnlich dem aus visionärer Weite fließenden Utopischen bilden Krisen und unsichere Zeiten einen reichen Nährboden, nicht nur für religiöse Visionen, sondern auch für ihre weltlichen, weitgehend in der Verfügungsmacht des Menschen liegenden Pendants. Jedoch sind nichtreligiöse visionäre Zukunftsorientierungen von wesentlich grundlegenderer Natur und Weltsicht als Utopien. Ihr Übergang in realisierbare Wirklichkeitsmodelle scheint in größerer, ja oft unerreichbarer Ferne zu liegen. Durch eine nicht selten schwärmerische Sprache wird dies noch unterstützt. Zudem sorgt das visionäre Denken sich nicht immer um direkte Anschlussfähigkeit zum Gegenwärtigen. Das bringt Verständnisschwierigkeiten und Missverständnisse mit sich und schafft Angreifbarkeit, bis hin zu schroffer Ablehnung und Stigmatisierung. Das Visionäre insgesamt wurde und wird so immer wieder in die Nähe von Sinnestäuschung und Halluzination gerückt, ja pathologisiert.

Die weltliche, auf gesellschaftliche und kulturelle Veränderung hin zielende Vision, lebt und überzeugt von der grundsätzlichen Erwartung ihrer Realisierbarkeit. Sei sie auch noch so elementar und auf Langfristigkeit hin orientiert. In ihr setzt sich keine apokalyptische Unheilsprophetie, die zur radikalen Umkehr aufruft, fort. Ansteckung für den Aufbruch in eine lebenswerte und dem Leben dienende Zukunft charakterisiert vielmehr ihr Wesen. So stiftet sie Sinn. Sie begeistert, ermutigt, hält auf dem Weg und nährt. Verwirklichung geschieht durch das Gehen als Prozess und die damit verbundenen Gegenwartsveränderungen. Die Vision umschreibt und bebildert einen Wunschhorizont. Das Beschwören düsterer Zukunftsbilder schwächt demgegenüber Lebensenergie und kraftvolle Phantasie. Sie überlagert den fortwährenden inneren Appell an die Potentiale, die zur Gestaltung von Zukunft im Menschen liegen.

Die Vision lebt von der Spannung zwischen dem *Schon jetzt* und dem *Noch nicht*. Und diese Spannung zieht und hält wach, auch wenn sie immer wieder die Differenz verdeutlicht, die zwischen der Idee und der Verwirklichung liegt. Erst wenn Menschen der Täuschung erliegen, sie könnten die Vision eins zu eins in Lebenspraxis umsetzen, wird sie zur Illusion und damit unter Handlungsgesichtspunkten kontraproduktiv. Dann entfaltet auch sie eine destruktive Wirkung, die aus der Enttäuschung über das Nichterreichbare resultiert und die sich in einer Bandbreite zwischen Ohnmachtserfahrung, Frustrationsgefühlen, Zynismus und Terror bewegen kann.

Sei die uns umgebende Realität auch noch so unerträglich und lebensfeindlich, nie darf ihr eine Macht zugestanden werden, in der die Vision zu einem realitätsfernen Fluchtvehikel missbraucht wird. Die Herausforderung menschlicher Existenz liegt immer inmitten des Lebens – egal, womit es gerade konfrontiert. Von dort beginnt der Weg in das Darüberhinaus mit der Vision als Leitstern. Es ist in diesem Sinne also durchaus angebracht, das visionäre Denken, das sich im geistigen Bild für die Zukunft zu erkennen gibt, mit dem Auge gegenwartsbezogener Nüchternheit zu betrachten und in der Unterscheidung der Geister nicht nachzulassen. Dies soll gerade unter dem Vorzeichen betont werden, dass der Lockruf, ja der Eros der Vision aus dem Verborgenen kommt, versehen mit dem Charme und der Verführungskraft des noch Verhüllten.

Utopie und Vision gehören derselben Lebenswirklichkeit an. Diese liegt zwar nur als Möglichkeitsraum vor uns. Doch auch eine Möglichkeit ist Wirklichkeit, wenn sie reflektiert in unseren Gedankenwelten lebt und schon allein dadurch in das Sein interveniert. Trotz ihrer Wesensähnlichkeit macht jedoch die Unterscheidung beider weiterhin Sinn. Vision ist der übergeordnete Begriff. Er ist fundamentaler, weitreichender und ganzheitlicher. Die Utopie geht aus der Vision hervor. In ihr entwickelt und formt sich Wirklichkeitsgemäßes auf ein konkret formuliertes Ideal und damit Ziel hin, und sie beschreibt den gangbaren Weg. Zerschellt die Utopie an den Bedingungen des Gegenwärtigen, sind Korrekturen, Veränderungen, ja Neuentwürfe nötig. Die Vision an sich wird davon allerdings nicht berührt, geschweige denn infrage gestellt.

## Weit darüber hinaus

Wenn es um die Lösung von Konflikten auf unterschiedlichsten Eskalationsstufen geht, haben wir normalerweise nur das im Blick, was sich aus den Interessen und Bedürfnissen der jeweiligen Konfliktparteien offensichtlich ergibt. „Lösung" kann dann bedeuten:

- Man tut erst einmal gar nichts.
- Partei A oder Partei B setzt sich durch.
- Man sucht nach einem Teils-teils bzw. Sowohl-als-auch.
- Ein dritter Weg kommt ins Spiel.

In allen Fällen bleiben die beteiligten und die vermittelnden Parteien im Rahmen des Bekannten, der vertrauten Wege und einer Zukunftsarchitektur, die sich aus dem Bisherigen ergibt. Für die heutigen weltweiten Probleme reicht das nicht. Es ist vor allem deshalb untragbar, weil die in Betracht gezogenen Lösungen in der Vergangenheit zumeist eine Mitursache der verfahrenen Situation waren.

Ein von dem norwegischen Friedens- und Konfliktforscher Johan Galtung bereits vor Jahrzehnten entwickeltes Verfahren versucht, neue Horizonte zu öffnen. Der Name ist hier bereits Programm: „Transcend", als das über das Bisherige und Bekannte Hinausgehende. Das bislang nicht Gedachte will gemeinsam entdeckt, erforscht und auf seine Zukunftsfähigkeit hin geprüft sein. Selbstredend kann in diesem Prozess Bewährtes in neuen Konstellationen zu neuer Geltung kommen. Aber es unterliegt zugleich einer Veränderung.

Beziehen wir diese Idee und Vorgehensweise auf die Problemlagen, mit denen sich unsere Welt in dieser Zeit konfrontiert sieht, kommt die Frage auf, von wo und wohin sich der Raum öffnet, in den wir aufbrechen können und in kürzester Zeit auch aufbrechen müssten. Was vor allem dient in diesem Prozess der Suche als Navigator?

Die Sehnsucht des Menschen kommt nun ins Spiel und das Lernen, ihr zu trauen, ja sie vielleicht in ihren Tiefendimensionen überhaupt erst zu erkennen und auszuloten. Als die edelste Kraft des Menschen und der Menschheit insgesamt verbirgt sie hinter manchen glitzernden und verführerischen Vorläufigkeiten und Verdinglichungen einen Raum unerschöpflicher Weite. Dort liegen unsere noch unerschlossenen Potentiale. Dort ist Heimat. Und das „dort" ist kein Irgendwo. Wir sprechen vom Hier und Jetzt. Da möchte sie Gestaltungsraum finden, nach den Gesetzen eines liebenden

Lebens. Denn wahre Sehnsucht nach dem noch Unerfüllten, nach Liebe, Mitgefühl, Einssein und Versöhnung formt eine untrennbare Familie. Sie ist inspiriert durch den Geist der Urkraft, der wir alle entstammen.

Vor dem Hintergrund fließender Sehnsucht in unserem Bewusstsein ordnen sich die Prioritäten neu. Vertrautes und Vertraute geraten auf den Prüfstand. Es wird in der Folge nicht leicht sein, manche Träume und Ideale jenes bürgerlichen Lebens verblassen zu lassen, die sich für das Leben und Überleben als unzureichend oder gar toxisch erwiesen haben. Aber der Raum des Noch-nicht öffnet sich eben immer nur schrittweise auf jenem Pilgerweg, der vom Loslassen des Alten zum Zulassen des Unbekannten führt. Auf diesem Weg ist der Mensch ausgerichtet auf einen Horizont, dessen Silhouetten zwar einladend strahlen, doch immer eine letzte Unschärfe behalten. Damit es uns weiterzieht und wir nicht die Zwischenstation als Endpunkt missverstehen.

Über die Träume eines gelingenden, mit dem Leben versöhnten Seins und über die dahinter stehenden existentiellen Sehnsüchte zu sprechen und sie offenzulegen, wird eine Zukunftsaufgabe von außerordentlicher Dringlichkeit sein. Es ist überfällig, dass wir uns in dem, was unser wahres Wesen ausmacht und sich verwirklichen will, überhaupt erst einmal erkennen und verstehen lernen – jede und jeder für sich selbst, gegenseitig und als Wir. Nur dann lassen sich von der Plattform des Verbindenden die nächsten Schritte gemeinsam gehen. Ab diesem Zeitpunkt lässt sich das Leben dann als eine Zukunfts- und Sehnsuchtswerkstatt verstehen, in der wir im Zusammenspiel entwerfen, experimentieren, möglicherweise wieder verwerfen, um neu zu gestalten ...

Dass die Situation auf unserer Erde keinerlei Aufschub mehr erlaubt, zeigen nicht nur wissenschaftliche Daten. Ihre realistische, faktenbasierte Drastik lässt erschaudern. Eine das wohl Unvermeidbare vorwegnehmende Trauer befällt die Seele. Wer sehen, hören und vor allem fühlen kann, wird dies mit seinem klagenden Gewissen genau so in jeder Sekunde vernehmen, in der er sich besinnt und durchlässig macht. Dann kommt vermutlich reflexhaft der empörte Aufschrei an die verantwortlichen Institutionen. Doch wenn das Notwendige „nur" von Politik als Handlungsrahmen und Verhaltensweise verordnet und nicht von der Leidenschaft der Menschen für das Leben getragen wird – dann gibt es keine Chance für eine angemessene Umsetzung. Aus bloßer, nüchterner Notwendigkeit entstand noch nie eine Form von Sein, der wir auch Ästhetik und Erhabenheit attestieren. Und der Anspruch auf diese beiden schönen Kräfte darf nie aufgegeben werden, wenn wir von einem würdevollen Leben für Pflanze, Tier, Mensch und dem Lebewesen Erde insgesamt sprechen.

Im *Weit darüber hinaus* fügen sich die schönen, feinen, transzendenten und die planenden, pragmatischen Kräfte der menschlichen Seele respektvoll zusammen. Ratio, Intuition und Imagination bewegen sich aus der Trennung in einen co-kreativen Raum. Dort ist so manches möglich, von dem wir sonst kaum noch zu träumen wagten.

## Marsch durch den Zyklon

Trotz aller zivilisatorischen Selbstverständnisse, in denen wir uns noch behaglich bewegen und trotz aller gemäßigten klimatischen Bedingungen, die uns hier noch umgeben – der terrane Transformationsprozess hat begonnen. Das Wüten der Menschheit gegen das Netzwerk des Lebens mündet in dieser Erdzeitstunde in seine Antithese. Hitzewellen verbrennen große Teile der Erde und trocknen sie aus. Wassermassen ertränken Land in einem Ausmaß, dass man in frühen Menschheitsepochen von einer Sünd-Flut (Sintflut) gesprochen hätte. Pandemien beginnen ihren „nachhaltigen" Siegeszug. Rohstoffe verknappen. Geld, an dem so lange alles hing und dem als Götze kapitalistischer Erdpolitik nahezu alles untergeordnet wurde, erweist sich täglich deutlicher als gigantische, sinnentleerte Sehnsuchtsblase.

Gezwungenermaßen hat für die Menschheit das große Hindurch begonnen, der Marsch durch den Zyklon. Dass er die allermeisten Selbstverständnisse unserer Lebensweise auflösen wird, scheint sicher. Selten in der Geschichte unserer Gattung ist die dem Sein grundsätzlich beigegebene Zerbrechlichkeit so deutlich geworden, wie sich das in dieser Zeit abzuzeichnen beginnt. Umso bedeutender ist in diesem anthropologischen Schicksalsprozess, in welcher Haltung wir uns ihm stellen, ihn gestalten und aufrecht durchwandern.

Im großen Spiel der Unabänderlichkeit muss vieles einfach ausgehalten werden, weil keine Möglichkeiten mehr existieren, zu intervenieren oder gar zu steuern. Steigende Meeresspiegel, wegschmelzende Gletscher, Dürrephasen, Wald- und Landschaftsbrände, Starkregenereignisse gehören dazu. Doch auch im Aushalten ist die innere Haltung entscheidend. Prozesse der Destruktion vermögen Menschen aufzusaugen, ihre gesamte Wahrnehmung zu zentrieren, die Psyche zu destabilisieren und in Verzweiflung, dem wohl schlimmsten Seinszustand zu münden. Wir können uns ihnen aber auch aus unserer Mitte heraus zuwenden. Bedrohung und existentielles Gefordertsein schließen innere Ruhe ja nicht aus. Und letztlich ist vieles eine Frage der Blickweise – wie ich auf ein Ereignis schaue. Dann mag im vordergründig Desaströsen sogar der Beginn einer heilsamen Dynamik zu erkennen sein, die unverzichtbar für das Weitergehen von uns als Menschheit ist – wenn auch nicht mehr auf den bekannten und vertrauten Wegen.

In der Sorge um mittelfristig schmerzhafte Einbußen bei dem, was den sonderbaren Namen *Wohlstand* trägt, scheint in der Folge die Frage wichtiger zu werden, was wir *wirklich* verlieren können. Was braucht ein Leben in Würde und in einem dem anderen Leben zugewandten Sein? Wollen wir Wohlstand weiterhin nur materiell verstanden wissen, oder zukünftig als Frieden? Frieden mit der Erde, Frieden mit dem Leben, Frieden untereinander, Frieden mit uns selbst ...

Eine Antwort liegt in dem, was sich *Einfachheit* nennt, das Sich-Bescheiden mit dem, was dem Leben dient und die Zuwendung zum Lebensdienlichen nicht verdeckt oder blockiert. Da gilt es so manches zeitig freizugeben, sich auch in eine Spiritualität des Lassens einzuleben, bevor das Loslassen ein von außen diktierter Zwang wird, der dann schnell in einer subjektiven Überforderung münden kann.

Der Gang durch den Sturm der Wandlung steht allen bevor, wenn auch sicherlich in unterschiedlicher Weise der persönlichen Herausforderung. Sich in dieser Zeit mit anderen Menschen in eine Unterwegs-Gemeinschaft zu begeben, sich als Werte- und Handlungsgemeinschaft zu verbünden und in diesem Bewusstsein fortan zu leben, kann die Kraft und auch die Perspektiven schenken, die alleine schwer zu erringen sind. Je mehr das Äußere erodiert, werden dabei Verbindlichkeit und Treue hinsichtlich der Werte und des gemeinschaftlichen Weges zu unverzichtbaren Begleitern. Es braucht dazu nicht unbedingt eine Organisationsstruktur, sondern nur lebensdienliche Prinzipien und einen entsprechenden Willen. So manche Katastrophe der vergangenen Jahre und Jahrzehnte hat gezeigt, zu wie viel Mitmenschlichkeit und Lebensdienlichkeit wir fähig sind. Es ist Zeit, das in größtem Maßstab zu befreien!

## Zeit des Phönix

Der Möglichkeitsraum, in den hineinzubewegen unser menschlicher Adel fordert, will immer wieder thematisiert werden – um nicht nur überlebensfähig, sondern entwicklungsfähig zu bleiben. Dies zielt zwar auf Gesellschaft und Kultur, doch zuerst weist es zu mir selbst. Wenn *ich* mich nicht auf diesen Weg begebe, wie kann ich es dann von irgendwo anders her erwarten? Jede und jeder von uns trägt in einem großartigen Sinne Mitverantwortung für das universelle Ganze. Diese wird erfüllt, wenn wir wahrhaftig so leben, als wären wir für das Ganze auch verantwortlich.

Hier erhebt sich die Herausforderung, inmitten einer weitgehend verdinglichten, konsumistischen und zugleich egoistischen Sozialformation den Phoenix zu erwecken, was jedoch nicht geht, ohne auch in den Neuentwurf der eigenen Biographie einzutreten. Wir selbst zu werden, lautet die Aufforderung; und zwar jenseits dessen, was man uns sozial, kulturell oder auch religiös einredet, was wir seien oder zu sein hätten; auch jenseits der Art und Weise, wie man uns darstellt in medialer Verkümmerung und Verkrümmung und jenseits dessen, worauf wir uns in Folge anzupassen versuchen und die Fassade unseres Lebens zurechtschminken. Noch viel zu oft betritt das Bewusstsein des Einzelnen erst dann die Bildfläche, wenn aus dem Unbewussten, aus verfestigten Mustern und aus überkommenen inneren Bildern heraus bereits gehandelt wurde. Solches kann sich ändern, wenn die Lebensvision in entsprechenden Metaphern erweckt und am Leuchten gehalten wird und nicht nur das Gegenwärtige, sondern auch das erhoffte Zukünftige erhellt. Dann drängt und führt die Kraft der Sehnsucht. Das Kommende erhält eine Imprägnierung, bevor es sich als Gestalt materialisiert.

Welches Wesen unser Phoenix hat, vermag dabei nur jene Synthese aus Liebe und einer integralen Vernunft zu zeigen, die Rationalität, Empfindung, Intuition, Weisheit und Kontemplation als Erkenntnis- und Lenkungsweise einschließt. Das Fundament solcher Synthese ist der Respekt gegenüber dem Eigenwert und den Eigenbedürfnissen auf der einen und dem universellen lebensdienlichen Anspruch auf der anderen Seite. Daraus folgt die rechte Selbstachtung. Wer so aufbricht, lässt sich von der eigenen potentiellen Größe ziehen. Sie gibt Orientierung und Haltung. Bestimmt wird sie über die Sehnsucht nach dem Absoluten und eine oft noch verborgene Vision eines gelingenden Lebens. Wir gehen dann in dem Vertrauen auf uns selbst und beginnen den großen Marsch im Kleinsten und Alltäglichen.

Der Mensch darf sich in diesem Auftrag zum Neuentwurf durchaus von der Idee seines Möglichseins und damit von sich selbst faszinieren lassen. Er muss jedoch Vorsorge treffen, nicht narzisstisch verstiegen und entsprechend hypnotisch gefesselt jenen Rahmen auszublenden, der uns als Person dieser Zeit an diesem Ort gegeben ist und den wir nicht verlassen oder gar verraten wollen. Die Bewährung geschieht in dem gelassenen Respekt gegenüber dem Sosein der Dinge und im Zulassen, ohne sich jemals in innere Abhängigkeit von irgendetwas Äußerem zu begeben.

Der Phoenix ist frei, inmitten aller Bindung. Das Zeitbewusstsein, das seine Flügel trägt, heißt *Kairos*. Es ruft ihm zu: Jetzt, gerade jetzt, ist alles möglich. Schüttele den Ruß deiner Vergangenheit ab, erlöse deine Schuldgefühle, deine Ohnmachtsempfindungen und deine Verbitterung im Aufstehen und im Aufbruch.

Es ist Phönix-Zeit. Die noch gebundene Gestalt des Vogels in uns wartet auf Befreiung und Erlösung. Wenn er dann fliegt, zerteilt er die dunklen Wolken der Trägheit und Beharrung. Licht kann sich ausdehnen und den Seelen- und Erdenraum wärmen und erhellen.

## Stiller Aufstand

Was tun, angesichts der Übermacht an struktureller Unterdrückung und herrenlos gewordenen Gewalten, die den Planeten und das Bewusstsein der Menschen im Griff haben? Was tun, angesichts der beispiellosen Zerstörungen in der Welt und in den Weltinnenräumen der Menschen? Bereits bei der Suche nach einer Antwort ist es wesentlich, *welche* Perspektiven der Mensch einnimmt, denn sie zeigen den Ausschnitt des für ihn Möglichen.

Man kann anrennen gegen das Destruktive, in die äußere Rebellion gehen, den Kampf aufnehmen, zu Sand im Getriebe werden ... In diese Richtung wirken zahllose Hoffnung spendende Initiativen, weltweit. Sie haben zumeist die Zerstörung der Um- und Mitwelt, das Leiden von Mensch und Kreatur, die Destruktivität des Wirtschafts- und Finanzsystems, die unfassbare Hochrüstung auf der schönen und so verletzbaren Erde im Blick. Sie greifen das System an, präsentieren Alternativen und benutzen dabei überwiegend die Mittel und Wege des Systems selbst. Insbesondere gilt dies für die Medien. Dadurch werden sie selbst zu einem kritischen Teil dessen, wogegen sie aufstehen. Gleichwohl ist dies unbestritten unverzichtbar, aller Ehren wert, fordert Respekt.

Und es gibt den stillen Weg, den stillen Aufstand, das Aufstehen, sich Erheben – nicht gegen, sondern *für*. Das sieht sich in keinem Widerspruch zur öffentlichkeitswirksamen Aktion. Es setzt zwar einen anderen Ausgangspunkt und führt in eine Handlungsalternative – doch auf das Ganze gesehen, sind beide Wirklichkeiten komplementär.

Was dabei meint still? Es geht darum, das in der uns möglichen Konsequenz zu leben, was der Verstand, die Beobachtung, das Mitgefühl, die Empörung und die Liebe zeigen. Was zählt, ist das eigene gelebte Leben. Das bedarf keiner besonderen Organisierung, keiner medialen Öffentlichkeit, keiner publizistischen Initiative. Es erfordert nicht, auf die große Zahl und das Verhalten anderer zu schauen. Solches raubt nur Energien. Die eigene Einsicht im Dienst am Leben zu verwirklichen, ohne zu jammern – und so weit wir es vermögen, jenes Leben zu sein, von dem wir träumen – das ist die Herausforderung. Schon die innere Arbeit an der eigenen Liebe zum Leben, die noch so viele Brüche hat, erfordert viel. Dann aber wird sich möglicherweise etwas regen und bewegen.

*Stiller Aufstand* meint: Wir tun es nicht bloß für uns. Wir tun es für die Kommenden.

Und auch wenn es scheint, dass wir keine Zeit mehr haben, so gilt es doch, sie sich zu nehmen. Es wäre ein Fehler, die Beispiel gebende Wirkung des eigenen Tuns zu unterschätzen, auch wenn sie erst bei den Enkeln fruchtbar werden sollte. Das gute Beispiel ist die einzige Art, die bleibt, Welt zu verändern, nachhaltig und überzeugend und ohne rechthaberische Diskussionen.

Im *stillen Aufstand* gelten also nicht die Gesetze des kapitalistischen Chronos. Mit diesen lebensfeindlichen Dogmen kann man das Neue nicht bauen, noch nicht einmal auf das Leben hören. Es zählt auch nicht die Macht der Medien. Wer auf sie setzt, läuft Gefahr, sich nahezu vollständig zu verlieren. Medien folgen Moden. Und die können binnen Tagen oder manchmal gar Stunden kippen und anderes nach oben spülen, was dann als bunte Sau durchs globale Dorf getrieben wird.

Aufzustehen erfordert Vertrauen – in die Macht des Lebens und der Liebe und in die Kraft der kleinen Zelle, die gleichzeitig strahlend für das Ganze zu stehen vermag. Ohne Vertrauen und Hingabe ist alles nichts. Und wenn sich das alles eines Tages angesichts der Verführungskraft der Verhältnisse und der grassierenden Trägheit doch als eine Illusion erweisen sollte?

Es gibt Illusionen, für die lohnt es sich zu leben und zu sterben.

# Der Mensch als Evolution

# Die zweite Mutation

Womit wir Menschen Mutter Erde und uns selbst konfrontieren, bewirkt nicht nur Entsetzen und Ratlosigkeit. Niemand, der sich einen offenen und selbstehrlichen Blick bewahrt hat, niemand, der über eine Empathie verfügt, die über ihn hinausweist und niemand, der einfach nur nüchtern eins und eins zusammenzählt, kommt an der Einsicht vorbei: Die Zeit des Menschen und der Menschheit läuft ab, wenn wir uns nicht einer gewaltigen Transformation stellen.

Es steht dabei völlig außer Zweifel, dass die Zeit des Hindurch und die Prozesse der Umgestaltung unermessliche Opfer in allen Kontinenten, auf allen Ebenen des Seins, des Lebens und der Lebensformen fordern werden. Und es wird so lange währen, bis sich ein neues Gleichgewicht eingependelt hat, das dem Planeten, seiner Bestimmung und seinen Möglichkeiten und Grenzen gemäß ist. Bis alles Leben zu seinem Recht auf Entfaltung kommt – unter dann allerdings grundlegend veränderten Rahmenbedingungen als heute.

Die Menschheit ist kein Dinosauriertum – das so gerne als Beispiel für ein mehr oder weniger „plötzliches" Verschwinden einer planetaren Art herangezogen wird. Sie ist unglaublich anpassungsfähig und lösungsorientiert, wenn es ihr an den Kragen geht. Vor allem ist sie in einem hohen, wenn auch noch bedeutend steigerbaren Maße fähig zur Selbstreflexion. Kommt hinzu, dass Artensterben, Klimawandel und die unausweichlichen Kriege um Ressourcen und nahrhaften Boden keinem Meteoriteneinschlag gleichen. Der Mensch kann jederzeit intervenieren. Wie weitreichend noch, das wird die zentrale Herausforderung sein in dem existentiellen Wettlauf mit einer sich ins Mark des Lebens hineinfressenden Vernichtungsspirale. In deren Mitte bewegen wir uns bereits, sind gefordert als Menschheit und als konkrete Person. Die Selbstreflexion, die wir zu leisten in der Lage sind, wird sich allerdings erweitern müssen: vom kleinen Ego-Selbst zum großen Lebens-SELBST. Das erfordert die Kopplung unseres Bewusstseins mit dem täglich dringlicher werdenden Überlebensruf aller Arten auf der Erde.

Zum Menschen wurde vor vielen tausend Jahren das gereifte Tier erst, als in ihm die Sehnsucht erwachte, die Bewegung, die sich über sich selbst hinaus streckt. Das erwachte Wesen sah sich mit der Frage konfrontiert, was oder besser: *wer* es denn sei, wie es „gemeint" sei. Im Mythos, also der erzählerischen Antwort, formulierte es Erklärungen für das Woher und das Wohin, und begann hinfort, sich entsprechend zu orientieren. Wir sprechen hier von der ersten großen Mutation unserer Gattung. Aus ihr gingen Religion, Philosophie, bildende und darstellende Kunst, Poesie, Musik, Wissenschaft, Medizin und Architektur hervor. Die im Menschen angelegte Schönheit und Schöpferkraft gelangte zu einer ersten Blüte.

Ein vergleichbarer Quantensprung wartet im gegenwärtigen Erdzeitalter auf seinen Durchbruch. Neben klarer Analyse und nüchterner Vernunft fordert das Leben:

*Sein in Liebe*
*Sein im Bewusstsein der Verbundenheit mit allem Leben*
*Sein in Zuwendung*
*Sein in Selbstrespekt und Selbstlosigkeit*
*Sein in Kindschaft und Mitschöpfertum zugleich*

Diese zweite Mutation ist evolutionär angelegt. Um sie ins Wirken zu bringen, muss allerdings der innere Meister in jedem von uns befreit werden, damit den Zauberlehrling nicht die selbst verursachten Fluten hinwegspülen.

# Homo extinctor

„Die Natur ist unerbittlich und unveränderlich, und es ist ihr gleichgültig, ob die verborgenen Gründe und Arten ihres Handelns dem Menschen verständlich sind oder nicht", schrieb Galileo Galilei in einem Brief an die Großherzogin der Toskana, als die Gefahr eines Prozesses gegen ihn sich abzuzeichnen begann.

Als der Mensch im wundersamen kosmischen Reigen auftauchte, bewegte sich das, was wir Natur nennen, schon unendliche Zeiten nach ihren eigenen inneren und unumstößlichen Gesetzen. Mit dem Weltraumteleskop „James Webb" werden wir bald bis zum Beginn dessen zurückschauen können, was wir als Universum bezeichnen. Wunderbares, Überwältigendes, nicht Fassbares wird sich offenbaren, für das es keinerlei Erklärung gibt, wenn nach dem Ursprung und dem Impuls allen Seins und Werdens gefragt wird. Von der Frage des Sinns ganz zu schweigen. Es bleiben Staunen und ob der Gewaltigkeit Erschaudern zugleich.

Inmitten auf dem vielleicht schönsten Gebilde, das – zumindest aus den Augen des Menschen – eine kleine unter Milliarden anderer Galaxien hervorbrachte, leben wir. Und ausgerechnet für dieses Kleinod ist unser Blick erkaltet. Dem Wunder der Erde und ihrer konvivialen Einzigkeit hat sich unsere Wahrnehmung entzogen. Durch das süße Gift der umfänglichen materiellen und immateriellen Konsumbedürfnisse und Süchte dringt sie nicht hindurch.

Die Liebe zum Leben erweist sich als immer unzulänglicher, verglichen mit der Macht der menschengemachten lebensfeindlichen Verhältnisse und der darauf bezogenen alltäglichen Gewohnheiten. Und so schreiten Vernichtung des Landes und der Arten, Ausbeutung und Entwürdigung fort. Täglich. Obwohl alles gesagt und erklärt ist – so oft, so dringlich, so seriös und vertrauenswürdig, von unterschiedlichsten Menschen, Gruppierungen und Institutionen.

Noch scheint der Schrecken jener Katastrophen, deren zarte Vorstufen wir begonnen haben zu erleben und die ja nichts weiter sind als Folgegesetze der Natur, bei Weitem nicht groß genug, um das Bedürfnis nach dem „Weiter so" und nach „Besitzstandswahrung" in Lebensdienlichkeit zu transformieren, in der nötigen Ehrfurcht, Demut, Bescheidenheit und Genügsamkeit.

Wie kann die Erhabenheit des uns „einfach so" Gegebenen die tödliche Erstarrung in einer Weise durchdringen, dass sie, zutiefst erschüttert, zerfällt? Wie laut müssen aus dem geschundenen Netz des Erdenlebens die Schreie nach Behutsamkeit, nach Schutz und Respekt noch werden, dass sie in der selbstgewählten Isolation unserer Gattung Gehör finden? Wie stark und tiefgreifend muss erst unser eigenes Leiden werden, dass wir vielleicht doch noch lernen und nicht irgendwann final gezwungen sind einzusehen: Dieses Menschsein hat sich inmitten der Blüte seiner vielleicht größten wissenschaftlichen und technologischen Leistungsfähigkeit überlebt. Aus Mangel an Mitgefühl und Liebe. Zur Klassifizierung als Homo sapiens, Träger der Weisheit, hat es für die Menschheit bis jetzt nie wirklich gereicht. Die Prüfungen zum Homo extinctor, Meister der Vernichtung, allerdings haben wir mit Bravour bestanden.

Kein Beten wird helfen, denn das Absolute hebt die Gesetze des Universums, die Regeln von Ursache und Wirkung, niemals auf. Es ist selbst Teil davon. Das zu wissen, ist nicht wenig! Und sich dem dann zu stellen, und zunächst, wie der verlorene Sohn des biblischen Gleichnisses, aus eigener Kraft die Schritte der Umkehr zum wahren Menschsein zu gehen, wäre das Mindeste. Die alten Gewänder abwerfen und das nackte Leben sich häuten lassen, bis das potentielle und uns eigentlich zugedachte Wesen sichtbar wird – Zugewandtheit und Liebe. Weniger als das wird nicht mehr reichen.

Letztlich aber sind das nur Worte. Sie klingen zunehmend tönern, ja vielleicht sogar leer. Denn wir scheitern nicht an Worten.

Die Menschheit scheitert an wissentlich unterlassener Hilfeleistung, gerade auch für sich selbst. Ein wahrer Aufstand wäre nötig, ein Aufstand des Geistes, der Herzen und der Hände. Ein Menschenbeben, das dem Antlitz des Planeten wieder ein Lächeln einhaucht! Aus der Gewissheit heraus, gewollt und angenommen zu sein. Denn wären wir nicht gewollt, wären wir nicht.

## Umschlag des Pendels

Es existiert nichts im Universum und auf diesem Planeten, das unvergänglich wäre. Alles trägt von Anfang an den Keim seines Verschwindens in sich. Das betrifft Arten und Formen des Lebens in der Biosphäre in gleicher Weise wie kulturelle Faktoren – wenngleich letztgenannte eine ungleich kürzere Verweildauer in ihrem Fenster der Geschichte haben. Auf den immer schon von der Evolution mitgedachten Untergang wies Karl Marx in einem doppelten Sinne hin. So werde der Sozialismus eines Tages den hinfälligen und zum Tode verurteilten Kapitalismus ablösen. Es mag sein, dass da eine Fehleinschätzung des Trierer Philosophen und Nationalökonomen auf mehreren Ebenen vorlag; zeitlich und damit hinsichtlich der Beharrungskraft und globalen Wucherung des Kapitalismus; aber auch was die Einschätzung der Möglichkeiten des Sozialismus anbelangt. Doch in der zeitlichen Fehleinschätzung geht es vielleicht um ein paar Jahrzehnte, bis sich das Raubtier Kapitalismus durch seine ihm innewohnenden Gesetzmäßigkeiten selber frisst. Viel bedeutender scheint, dass Marx den Untergang auch der Menschheit selbst mit im Blick hatte. Davon sprechen seine geologischen Studien, in denen er Menschheit und Erde als zwei Lebewesen sieht, die eng miteinander verbunden sind und sich gegenseitig beeinflussen. Es war für ihn die Frage, ob im Zuge dieser Symbiose unser Heimatplanet den die Arten zerstörenden Menschen eines Tages wieder abschüttelt. Keine Frage war es demgegenüber für ihn, dass die Verrohung und Verdummung des Menschen durch das, was wir Fortschritt nennen, mit der Selbstbedrohung verbunden ist. Auf einer Rede im April 1856 sagte er: „Die neuen Quellen des Reichtums verwandeln sich durch einen seltsamen Zauberbann zu Quellen der Not. Die Siege der Wissenschaft scheinen erkauft durch Verlust an Charakter. In dem Maße, wie die Menschheit die Natur bezwingt, scheint der Mensch durch andre Menschen oder durch seine eigne Niedertracht unterjocht zu werden (...) All unser Erfinden und unser ganzer Fortschritt scheinen darauf hinauszulaufen, dass sie materielle Kräfte mit geistigem Leben ausstatten und das menschliche Leben zu einer materiellen Kraft verdummen."

Gerade in einer Weltzeitstunde, in der wir Menschen auf uns selbst bezogen deutlich spüren, dass das Pendel der Evolution bereits begonnen hat umzuschlagen, dass der Planet uns die Folgen dessen spüren lässt, was wir angerichtet haben und weiter anrichten – gerade also, wo wir Vernunft, Weisheit und Liebe zum Leben benötigten: gerade jetzt offerieren wir noch immer das Gift der Vernichtung als Heilmittel für all unsere Sorgen, als da sind: Wachstum, Konsum, Globalisierung, Technisierung ...

An dieser Stelle ist es wichtig, nicht falsch verstanden zu werden. Aus unserer Eigenwahrnehmung heraus sind wir Menschen wunderbare Wesen! Und wir verdienen Zuwendung und Liebe. Man könnte die Menschheit so auch umschreiben als: *Schönheit in Entwicklung*. Doch es gibt einen anderen, einen evolutionären Blick, der vom Leben selbst her sich auf uns richtet. Und da sind wir im Konzert der Arten und in der Beziehung zu Mutter Erde an einem Punkt angelangt, der uns als Parasiten brandmarkt. Es ist die unsentimentale Sichtweise. Sie weist darauf hin, dass wir das Gleichgewicht des Lebens so massiv gestört haben, dass dies letztendlich in einer Selbstvernichtung enden muss. Sie lässt uns heute nüchtern erkennen, dass unsere übergroße Vermehrung alles andere als ein Segen, vielmehr ein desaströses Verhängnis ist – für die Grundlagen des Lebens und damit auch für uns selbst.

Die Weisheit der Erde ist von anderer Klarheit als die selbstbezügliche, narzisstische Vernunft des Menschen. Es ist eine evolutionäre Weisheit, die nur von einem geleitet und geführt wird: dem Bestand des globalen Lebens an sich – in all seiner Unterschiedlichkeit und Vielheit. Was bleibt dem Menschen auf diesem nun vor ihm liegenden schmerzhaften Weg und inmitten von Prozessen, die er so gut wie nicht mehr beeinflussen kann?

Selbstbegrenzung und so die Wiedererlangung seiner Selbstachtung und Würde.

Das Erblühen einer Liebe, die über sich hinausweist.

Demut und nicht verletzende, bedingungslose Hingabe an das Leben.

## Das Ende der Zeit

Ob es um die Frage eines Atomkriegs geht, die Klimakrise, das Artensterben oder eine Pandemie: Außergewöhnlichen Bedrohungen scheint es eigen zu sein, dass sie mit Befürchtungen von einem Ende der Zeit einhergehen. Ja, der sogenannte Fortschritt selbst taucht dabei als todesorientierter Verursacher auf. So schrieb etwa der russische Philosoph und Dichter Wladimir Sołowjew (1853–1900) in „Drei Gespräche": „Ich bin der Meinung, dass der Fortschritt, das heißt, der bemerkbare beschleunigte Fortschritt, immer ein *Symptom des Endes* ist." Und Stanisław Jerzy Lec (1909–1966), dem wir so manche „unfrisierte Gedanken" verdanken, formuliert bissig:

„Ich würde lachen, wenn sie mit der Vernichtung der Welt vor dem Weltende nicht fertig würden."

Lassen wir das einmal so stehen, stellt sich trotzdem die Frage, was denn mit Ende und mit Endzeit-Erwartungen gemeint ist. Oder ist *Ende* etwa nur eine Metapher für Ungewissheit?

Es charakterisiert den Lauf der Dinge, dass eine Bewegung vom Anfang her kommend zum Ende hin geht. Ausnahmslos. Doch was uns Menschen im Prozess der Evolution betrifft, wissen wir *erfahrungsbezogen* nichts über den Anfang und stehen diesbezüglich genauso in einem Niemandsland wie hinsichtlich des Endes der Zeit. Offenbarungen und Prophetien, wie etwa in der Apokalypse des Johannes, dem letzten Buch des Neuen Testaments, helfen hier nicht weiter. Sie bewegen sich im Reich der Metaphern, ein konkreter Wissensbezug und Orientierungsrahmen ist nicht fassbar.

So mag eine erste Unterscheidung hilfreich sein. Es ist die zwischen dem Lauf der Natur in ihren wiederkehrenden Rhythmen und zwischen dem Wirken des Menschen, das wir als *Geschichte* bezeichnen. Denn zur Geschichte gehören Faktoren, die wir in der Natur nicht finden, wie Freiheit, bewusste Entscheidung, Einzigkeit, schöpferische Gestaltung, systematische Vernichtung, die Natur verändernde technische Interventionen.

In der Folge sollten wir also differenzieren zwischen einem innergeschichtlichen, katastrophischen Ende der Menschheit und dem außergeschichtlichen Ende der Zeit an sich. Zu dem Letztgenannten lässt sich nichts wirklich Sinnhaftes sagen, sieht man einmal von der Banalität ab, dass irgendwann jede Sonne ausgebrannt ist und ihr Planetensystem mit in den Untergang reißt.

Bleiben wir also beim innergeschichtlichen Ende, auch wenn hier nun nicht der Eindruck entstehen soll, wir lebten inmitten einer entsprechenden Endzeit. Vielmehr geht es darum, sich der durch unser Tun und Nichttun bewirkten stetigen *Nähe* eines möglichen katastrophischen Einschnitts bewusst zu sein. Ein solcher Einschnitt würde uns nämlich mit einer völlig neuen Situation konfrontieren. Wäre die ganze Erde als Lebensraum für den Menschen und für unzählige andere Arten betroffen, existierte erstmals in der Geschichte kein Fluchtpunkt mehr, zu dem man aufbrechen könnte – wenn wir Mond und Mars einmal als nicht sehr realistische Möglichkeit außer Acht lassen. Emigration oder Migration könnten dann nur noch als innere, geistige gedacht werden. Und auch das nur, solange das naturhafte Überleben des Menschen noch irgendwie möglich wäre.

Denn auch das gilt es ja immer mit zu bedenken: dass der Mensch Natur und Geschichte in eins ist und so unter zwei Einflusswelten steht, die seine Zeit prägen. Warum aber ist diese Frage überhaupt von Belang?

Das Bewusstsein der potentiellen Nähe des innergeschichtlichen Endes hat den tieferen Sinn, uns in Erinnerung zu halten, dass wir „Leben inmitten von Leben" sind (Albert Schweitzer) und uns demzufolge eine existentielle Grundaufgabe beigegeben ist: Dem Leben zu dienen, allem Leben. Daran hängt das Sein der Zeit, darauf ist Geschichte angewiesen, sonst blutet sie langsam aus. Langsam meint, dass wir uns „Ende" nicht als einen evolutionären Punkt vorstellen sollten, sondern als einen sich hinziehenden Prozess.

Das abrupte und absolute Ende des Lebens auf unserer Erde einzuläuten und zu besiegeln, ist uns nicht gegeben. Bei allem Wahnsinn zivilisatorischer, kriegerischer und technologischer Raserei und ihr geschuldeter Auslöschung von Leben und Lebensräumen – auch zur „Titanic" gehören nach der Begegnung mit dem Eisberg Überlebende. Da wird also kein Ende stehen, sondern ein Weiterleben in reduzierter Masse, innerhalb reduzierter Lebensmöglichkeiten und einem ausgedünnten Netzwerk des Seins. Wie wird sich in einem solchen Geschichtsmoment die Kreatürlichkeit des Menschen entfalten? Kann man es dann als Verurteilung oder Neuberufung sehen, zu leben? Schreibt der Mensch ein neues innergeschichtliches Kapitel oder ergibt er sich in Agonie, erkennt ob des existentiell geschwundenen Lebensraumes seinen Zustand als aussichtlos? Nur in diesem Fall muss er zusehen, wie das Alte stirbt und Neues doch nicht geboren werden kann. *Dann* bewegt er sich auf sein Ende zu, schließt Geschichte final ab, übergibt die Erde wieder sich selbst und ihren Rhythmen.

## Menetekel

Tiefgreifende Krisen verbinden sich zumeist mit einer ganz eigenen Erzählweise. Deren Dramatik steigt mit der Dringlichkeit der Fragen, um die es geht. Neben dem Hoffnungsstrahl, der beschworen wird, damit alles doch noch gut gehen möge, besteht seit Menschengedenken der Drang, ein Menetekel (Daniel 5,25), also eine unheilverkündende Warnung gleichsam an die Wand zu malen. Das Narrativ des biblischen Menetekels will aufrütteln, ermahnen. Es will anstoßen, zu erkennen, das denkbar Schlimmste immer mit im Spiel zu halten und nicht der Versuchung zu erliegen, es so lange zu übersehen und zu verharmlosen, bis es begonnen hat, Wirklichkeit zu werden. Der Geist des Menetekels ist prophetisch, und er liegt nahe an dem, was wir apokalyptisch nennen.

Alltagssprachlich wird damit zumeist das größte anzunehmende Unheil verbunden. Apokalypse, das meint dann Weltuntergang, zumindest aber eine Zukunft voller Düsternis und in ultimativer Bedrohlichkeit. Diese Zuschreibung verwundert nicht. Sie ist die Folge des letzten Buches im Neuen Testament, der *Offenbarung des Johannes,* auch einfach nur *Apokalypse* genannt. Zwar kann es als das Trostbuch des Christentums gesehen werden, endet danach doch die Geschichte der Welt in der Herrlichkeit des neuen Jerusalem; doch zuvor müssen die mit dem Untergang der alten Welt verbundenen Schrecken durchlebt werden.

Die aus dieser Erzählung hervorgehenden Bilder haben sich tief in das kulturelle Gedächtnis der abendländischen Welt eingebrannt. Und so wird das Wort *Apokalypse* schnell in Anspruch genommen, wenn es um das Ausmalen von Unheilserwartungen jeglicher Art geht. Dabei meint der griechische Ursprungsbegriff *apokálypsis* gar nicht unbedingt Endzeit, sondern „Enthüllung" oder „Offenbarung". Das wie in einem verschlossenen Buch vor uns liegende Zukünftige wird aufgezeigt, in eine Erzählform gebracht, die den Menschen zugänglich und verständlich ist.

Die Apokalypse thematisiert die größten der denkbaren Zusammenhänge. Sie wendet sich nicht den kleinen Ereignissen und auch Katastrophen im Leben des Menschen und der Menschheit zu. Es gebietet sich also Vorsicht in der Verwendung des Begriffs, um dem inflationären Sprachgebrauch in der Gegenwart vorzubeugen.

Die Enthüllungen, mit denen wir in der momentanen Weltsituation täglich konfrontiert werden, was die Zukunft von Mensch und Erde im Angesicht von Klimawandel und Überbevölkerung betrifft, rücken den Begriff allerdings in eine neue Bedeutung und Aktualität. Es führt einerseits fort von der biblischen religiösen Prophezeiung der Plagen, des Untergangs, der Nacht ohne Morgen und der Neuerstehung. Gleichwohl weist es uns auf das Grundsätzliche, alles Umfassende und in den Folgen auch alles Betreffende des Menschheitsdesasters hin. In radikaler Klarheit. Es bedarf keines weiteren Menetekels mehr, um die entsprechenden Zeichen zu verstehen, die am „Himmel" stehen bzw. die der Planet uns sendet. Die apokalyptischen Reiter, die vom Kampf, Krieg, Elend und Tod nicht nur künden, sondern diese bringen, sind bereits unterwegs – um doch noch einmal das biblische Motiv aus der Offenbarung des

Johannes zu verwenden (Offb 6,1–8). Nur die gelebte Ehrfurcht vor dem Leben, in ihrer tiefsten Bedeutung und Wahrnehmung, hätte sie im Zaume halten können. Und nur diese Haltung ist es, aus der eines Tages auf den Trümmern des Vergangenen eine neue und lebensdienliche Weltordnung entstehen kann.

## Verwahrlosung und ein scheiternder Traum

Wir können es uns nicht erlauben, die Destruktivität der Gegenwart weiterhin als lediglich eine fehlerhafte und unbedachte Entwicklung anzusehen, die bei frühzeitiger und besserer Erkenntnis hätte vermieden werden können. Vielmehr zeugt der Weg, der hinter uns liegt, von geradezu atemberaubender Geradlinigkeit und Konsequenz. Er spiegelt die dunkle und verhängnisvolle Seite unseres Wesens, die sich im Verlauf der Jahrhunderte derart zu Systemen und Strukturen verfestigt hat, dass notwendige Korrekturen innerhalb der Systeme nicht mehr vorzunehmen sind. Der globale Kapitalismus und der bedenkenlose Verbrauch und Verzehr des auf der Erde gedeihenden Lebens stehen herausragend dafür.

Was wir hervorgebracht haben an Geist, Rationalität, Ökonomie, Struktur, Technik und Konsum entspringt keinem evolutionären Zufall. Es war und ist gewollt! Und es hätte mit seiner machtvollen und eindimensionalen Dynamik wohl keine wirklichen Alternativen in der Entwicklung zugelassen.

Um es auf den Punkt zu bringen: Die Zerstörung der sogenannten äußeren Natur und Umwelt folgte und folgt einer inneren Destruktivität des Menschen. Die Zersiedlung und Verwüstung dieses Planeten wurzelt in der Zerrissenheit unseres Innenlebens. Sie war und ist der Preis für einen langen historischen Prozess der Trennung und der Spaltung. Schrittweise hat sich unsere Gattung aus der äußeren Natur herausgelöst, um sie sich konsumierend wieder neu einverleiben zu können. Damit wandelte sich auch die Identität des Menschen. Zunehmend fand und findet sie sich wieder in dem, was trennt, im Anderssein, in der Differenz zu einem sogenannten Außen. Auf allen Ebenen vollzog sich diese Trennung – zwischen Mensch und Natur, Mensch und Mensch und sie macht selbst vor dem Göttlichen nicht halt. Wer sich so von seinen Wurzeln und seinem wahren oder besser: möglichen Wesen trennt, stellt sich außerhalb der Ordnung, der er selbst entstammt. Er sollte die bitteren Konsequenzen der unausweichlich folgenden Verwahrlosung also nicht auch noch selbstmitleidig bejammern.

Es ist der Weg in eine neue Verbundenheit mit dem Leben, der uns allein aus diesem Desaster zu führen vermag. Dabei wird eine Liebe, die alles umgreift und dem Lebensstrom selbst entspringt, das suchende Menschenkind führen können.

Hier nun beginnt jenseits des Stroms alltäglicher Ablenkungen der Weg nach Innen, der Weg der Sammlung, der Weg der Stille, der Weg zu neuer Ausrichtung. Er spiegelt Schritt für Schritt unsere seelische Verfassheit. Er lehrt, schmerzhaft und in einem oft langen Ringen loszulassen, sich innerlich und äußerlich zu befreien und in die Erfahrung von allumfassender Verbundenheit einzutauchen. So kann sich möglicherweise eine neue, integrale Liebe regen und in uns ausbreiten, die größer ist als bloß sentimentale Zuwendung. Sie hätte die Kraft, ein neues Zuhause mit einem gewandelten Blick auf die Welt und das Leben zu schenken. Irgendwann könnte man dann nicht mehr anders, als dem Leben bedingungslos zu dienen, verlässlich und treu – so wie echte Liebe sein sollte ...

Diesem schönen Traum steht das Zeitdilemma gegenüber. Denn es würde viele Generationen brauchen, bis ein neuer Mensch der verwundeten Erde zu einem neuen Antlitz verhilft. Und es scheint mehr als fraglich, ob es dann überhaupt noch angemessene

Lebensbedingungen auf unserem Planeten gäbe. Noch stärker allerdings dürfte der Einspruch gegen ein Zeitalter der heilsamen Verbundenheit seitens der Mächte der Beharrung, der Egomanie und der Konsumsucht wiegen. Sie widerstehen dem Ruf nach einer entgrenzten Liebe durch die Verführung im Moment und die fortwährende Vertröstung auf ein besseres Morgen.

## Die Parabel der Passion

Der Erzählgehalt der Passionsgeschichte Jesu verweist auf grundlegende Einsichten in den Schicksalsweg des Menschen. Die Passionsgeschichte spitzt den Lebensweg des göttlichen Propheten in einer außergewöhnlichen Dramatik zu. Bis dahin war er getragen von Lehre, Ermahnung, Trost und Heilung. Alles war enthalten, alles gesagt, für so vieles Beispiel gegeben. Und blieb letztendlich doch, von wenigen Einsichtigen abgesehen, wie in den Wind gesprochen. Dann das Leiden und der Niedergang. Ein Exempel des Scheiterns. Leere folgt, die uneinsehbare dunkle Nacht. Schließlich das Neue, oder besser: Verwandelte, das rettend eintritt in die Welt.

Übertragen wir diese Geschichte auf den Gang durch unsere Evolution, so gilt es zu konstatieren, dass die Menschheit nun selbst am Beginn eines globalen Karfreitagsgeschehens steht. Die durch die Jahrhunderte und Jahrtausende hindurch gesprochenen Worte, die Verkündigung von Weisheit und Einsicht, schmerzvollste Erfahrungen und auch die so mannigfach gegebenen leuchtenden Beispiele seitens so vieler Frauen und Männer waren gewiss nicht umsonst. Doch den Niedergang und die Nichtung, die aus Uneinsichtigkeit, Gier und Bequemlichkeit zumeist folgen, können sie nicht aufhalten. Das Anthropozän, jenes Menschheitszeitalter, das die Erde dorthin geführt hat, wo sie nun steht, neigt sich dem Ende zu. Dieses wird drastisch ausfallen. Die Gleichzeitigkeit von Artenvernichtung, Klimaexzessen, Kriegsgeschehen und Nahrungsmittelknappheit inmitten einer noch immer wachsenden Menschheit gibt eine erste Ahnung, welches Kreuz wir selbst gewählt haben und nun werden tragen müssen.

Sturz und Tod von Kulturen treten genauso wenig plötzlich ein wie die mögliche Transformation in der Nacht der Besinnung. Beides wird deshalb in vielen Menschheitsgenerationen langsam ineinander übergehen. Im überfälligen Absterben des Alten bildet sich der Humus des Neuen. Dessen Anteile nehmen in diesem Prozess schrittweise zu. Vorausgesetzt, die alternativlose neue Grundorientierung wurde wirklich verstanden – nämlich nach einem Weg vom Homo extinctor, dem Vernichter, zum Homo convivialis, dem Lebensdienlichen, zu suchen. In dem sich dann vollziehenden Geschehen sollte die Phase, die zwischen „Tod" und „Auferstehung" liegt, nicht gering geschätzt werden. Im Gegenteil. Es ist die Entscheidende! Hier geschieht die Transformation, die Wandlung – ruhend auf den Trümmern der alten, getränkt von der Sehnsucht nach einer neuen Welt.

In der christlichen Passionszeit wird die Herausforderung des Tages, der auf Karfreitag folgt, durch österliche Vorfreude und Vorbereitung des Festes zumeist übersehen. Dabei liegt hier der Raum unermesslicher Dunkelheit und Tiefe, der Zwischenraum. Gleichwohl ist er nicht nur ein Dazwischen. Er trägt seine ganz eigene Bedeutung. Er hält das sogenannte „Nichts", die formlose „Leere" in der Schwebe. Sie braucht es, damit etwas sich vorbereiten und bilden kann, das irgendwann als neue Gestalt ins Licht tritt und nicht nur als etwas bereits Bekanntes in lediglich neuem Gewand. Auferstehung bedeutet nicht Wiedereintritt in das, was war. Nicht umsonst galt früh schon der Phönix als Sinnbild der Auferstehung: Er steht für eine Neugeburt aus der Asche des Verblichenen. Im

Feuer des Bewusstseinswandels darf nichts überdauern, was zuvor in den Niedergang führte. Das unterscheidet die gegenwärtige Erdzeitstunde von allen vorherigen, in denen auch kleinere Mutationen hinreichend waren, um den nächsten Entwicklungsschritt zu gehen.

Solches österliche Geschehen wird alle Energie brauchen; ein tiefes Empfinden für das Leben; und ein unbedingtes, von Herzenergie geführtes Wollen. Nicht weiterhin darf Aufbruchsgeist sich von einer visionslosen Politik- und Weltgestaltung narkotisieren lassen, die im Gestus des Sich-Kümmerns lediglich bestandswahrend herumpragmatisiert.

Keine Kurskorrektur liegt also vor der Menschheit. Das Reiseziel der bisherigen Geschichte gilt es genauso infrage zu stellen wie die gewählten Transportmittel. Diese Einsicht wird lange Zeiten benötigen, bis sie sich als neues Bewusstsein im geistigen Raum der Menschheit niedergelassen hat. Davor, aber auch *dazu* liegt die Nacht der Besinnung. Es gibt keine Abkürzung.

Für die gerade jetzt Lebenden mag dieser Gedanke vielleicht schmerzlich und in den alltäglichen Folgen gewiss entbehrungsreich sein. Doch das *Hindurch*, wenn wir ahnen, wohin wir wollen, kann auch als Gnade, weil überfällige Möglichkeit zum Dienst an den Kommenden empfunden werden. Dazu braucht es Vertrauen in die Windungen des Lebens, Wagemut, Tapferkeit und Selbstachtung. Genau daran will die Passionszeit erinnern. Sie sollte sich demnach nicht in einer sentimentalen Verklärung von Vergangenem und in Klageliedern erschöpfen. Gefordert ist das umfassende Sich-Einlassen auf das Geschehen, auf dessen Mitte wir uns zubewegen. Und auch, wenn es erst weit vor uns liegende Generationen sein werden, die vielleicht den Durchbruch des Lichts, als Fruchtbarkeit bewältigter Niederlagen, erleben – es ist die Sehnsucht dorthin, die nicht nur aushalten lässt, sondern den Weg beleuchtet und die Schöpfungsenergie, die überall vorhanden ist, befreit.

# Todesenergie und das Wunder des Lebens

Magisch ziehen uns die Sterne an, fesseln unsere Blicke. Da lebt eine unbestimmte Sehnsucht in uns, die wohl mit unserem Ursprung als Sternenstaub zusammenhängt, aus dem ausnahmslos alles sich formte, was im Universum existiert. Doch dort haben wir keine Heimat, keinen Lebens- und Entfaltungsraum. Dort wären wir nie geworden.

Mittlerweile ist man in der Astrophysik weit mit der Entdeckung, der Erforschung und dem Beweis Schwarzer Löcher gekommen. Es geht dabei um eine jenseits jeglicher menschlicher Vorstellungskraft liegende Kraft und Energie. So umfasst das größte bislang inmitten der Milchstraße bekannte und als „unersättlich" beschriebene Schwarze Loch eine Masse von rund vier Milliarden Sonnen. Von den Empfindungen und Bedürfnissen des Menschen und des Lebens auf der Erde her gedacht, leben wir nicht nur im „Raum" einer unermesslichen Weite und Kälte, sondern auch in einem gewaltigen und gewalttätigen Universum. In seiner astronomischen Erhabenheit zeichnet es sich durch völlig jenseitige, vernichtende „Brutalität" aus, wenn wir es mit der Sanftheit des Lebens auf dem blauen Planeten vergleichen.

Es geht nicht paradoxer. Da ist diese entgrenzte, nicht wirklich fassbare Schönheit und zugleich Schrecklichkeit des kosmischen Geschehens. Ehrfurchtsvoll und mit offenen Augen begegnen wir ihnen staunend, wissend um unsere letztendliche Zugehörigkeit auch dazu. Und es existiert gleichzeitig, inmitten dieses Geschehens, jenes kosmische Juwel, das wir Sonnensystem und, darin beheimatet, Mutter Erde nennen. In ihrer überschaubaren Größe hat sie Leben in unermesslicher Vielfalt geboren, und das in einer wiederum ganz eigenen Schönheit, verglichen mit der fernen, nur durch Fernrohre erfassbaren Ästhetik galaktischer Prozesse.

Dieses Irdische fühlt sich zart an, empfindsam, verletzbar, wenn wir es aus der Tiefe des Raumes betrachten. Es ist in Liebeskraft gebettet. Nur Liebe, hier in einem völlig entgrenzten Sinne gedacht, führt in die Regung, in den Geist und in die Ausrichtung solchen Werdens. Wir können hier auch von der Ursprungsenergie unseres schöpferischen Universums, dem göttlichen Grundimpuls sprechen. Da herrscht keine evolutionäre Mechanik oder Kälte eines sinnlosen Werdens. Wir sehen uns nicht inmitten eines endlosen Wiederkäuens von Lebensprozessen. Die Erde wurde für das Leben geschaffen, das sich entfalten will. Lebensenergie durchdringt hier alles, ein *élan vital*, wie ihn der Mitbegründer der Lebenswissenschaft, der französische Philosoph und Literaturnobelpreisträger Henri Bergson (1859–1927) in seinem Werk „Die schöpferische Entwicklung" *(L'Évolution créatrice)* beschrieb. Dem Leben wohnt danach nicht nur ein Wille zum Sein inne, sondern auch eine kreative Entwicklungs- und Verfeinerungstendenz, somit eine Art gerichteten Strebens.

Vielleicht fehlt noch der kosmische Blick oder besser: das kosmische Bewusstsein hinsichtlich unserer wahren Rolle in diesem göttlichen Schauspiel. Denn wir sind Teil des planetarischen Wunders inmitten des endlosen Raumes, und zugleich sind wir sein Bewusstsein.

## Liebe in einem „sinnlosen" Universum

„Je begreiflicher uns das Universum wird, umso sinnloser erscheint es uns auch." Steven Weinberg (1933–2021), Elementarteilchenphysiker und Nobelpreisträger, schrieb dies im Epilog seines 1977 erschienenen Bestsellers „Die ersten drei Minuten". Vielleicht klingt dieser Satz verstörend, aber bezogen auf das, was wir bis heute wissen, zugleich auch sinnvoll. Unzählbare Galaxien entstehen und vergehen. Kräfte, die Menschen nie verstehen können, toben sich aus; sie gebären neue Sternenwelten, verschlingen und vernichten andere, verschmelzen. Es ist ein wunderbares und zugleich schrecklich anmutendes kosmisches Schauspiel, das durchdrungen ist von einer Ästhetik der Unermesslichkeit und des Grauens. Manchmal scheint es, als wäre das alles wirklich nur ein Spiel und eben dieses Spiel selbst auch der sogenannte Sinn. Da bliebe dann allenfalls noch die Frage zu stellen, wer oder was es initiiert hat, Regie führt und es beobachtet. So verständlich diese Frage wäre, würde sie doch nie eine Antwort bekommen. Ergiebiger scheint da der Blick auf die Rolle des Menschen in diesem Schauspiel zu sein.

Lassen wir einmal die zerstörerische Raserei außer Acht, mit der wir uns auf Mutter Erde austoben; wenden wir für einen Moment den Blick von dem Lebensfeindlichen und Ausbeuterischen ab, das in der Art und Weise liegt, wie wir leben, konsumieren und uns bewegen; kehren wir selbst die narzisstische Nabelschau unserer Gattung unter den durch Verdrängung bereits gewölbten Teppich der Geschichte. Dann bleibt immer noch etwas Außerordentliches und sogar Atemberaubendes übrig, das den Planeten und seine menschlichen Bewohner einzig macht – zumindest in dem uns bekannten Universum. Es ist die Liebe. Jene Liebe, die so unendlich viel mehr ausdrückt als den Brutpflegeinstinkt, den wir mit den Tieren gemeinsam haben; die Liebe in ihrer Bedingungslosigkeit, begründet nur in sich selbst und ohne weiteren Zweck; die Liebe, die nicht haben will, nichts fordert und nur auf eine Wirkung gerichtet ist: wiederum Liebe. Inmitten der gewaltigen kosmischen und auch irdischen Energiefelder ist sie so unscheinbar, so zart, so sanft und so verletzlich wie das Lebewesen Erde selbst. Es mag sein, dass in genau dem der einzige tiefere Sinn von uns Menschenwesen liegt. Dann wäre diese Rolle, Liebe in den Kosmos zu bringen, unser Charisma und unsere Berufung. Kein anderer Mitspieler in dem universalen Drama von Werden und Vergehen füllt ansonsten diese Rolle aus.

In der Geschichte des uns nahen und von uns heute überschaubaren Universums hat es lange gedauert, bis diese Liebe auftauchte und ihren Platz auf der kosmischen Bühne erhielt. Auf dem Zeitstrahl vom Urknall bis jetzt war das gerade eben erst. Aber warum ist sie entstanden? Vermutlich schlicht, weil sie fehlte. Weil es an etwas mangelte, das Leben und planetarisches Geschehen sich nicht einfach ereignen lässt, sondern es beobachtet, reflektiert und wertschätzt um seiner selbst willen; sich ihm zuwendet, sich sorgt, pflegt und alles dafür tut, dass es erblühen kann. Wenn es das, was wir „Gott" nennen, gibt – dann ist diese Liebe die Antwort auf die Sehnsucht seines Wesens. Denn aus nichts kann auch nichts entstehen.

Bleiben wir bei diesem Gedanken, so tritt jenseits aller Hybris die außerordentliche Bedeutung des Menschen im kosmischen Reigen ans Licht. Nichts kann ihn als Träger von Liebesenergie ersetzen. Und das sollte uns bewusst sein, wenn wir so fahrlässig mit unserem Sein und dem des uns nährenden Planeten umgehen. Das auch weist uns den weiteren Entwicklungsweg, nämlich die Verfeinerung unseres Wesens durch noch viele Häutungen hindurch hin zu dem Destillat, das wir reine Liebe nennen. Falls wir eines Tages in der Lage sind, uns in die Weiten des Raumes aufzumachen, dann sollte neben der heute noch unbekannten Energie, die das Raumschiff treibt, nur noch Liebe in Menschengestalt mit an Bord sein – die wesentliche humane Botschaft, die es neben der klassischen Musik Wert ist, extraterrestrisch verbreitet zu werden. Und sollte das mit dem intergalaktischen Reisen außerhalb unserer Möglichkeiten bleiben, dann wäre es wenigstens das Bemühen wert, dass ohne weiteren Zweck irgendwo im All ein kleiner Planet um seine kleine Sonne kreist, den man die Heimat der Liebe nennen kann.

# Eine neue Renaissance

Der Schritt in eine dem Netzwerk des Lebens zugewandte Menschheitsepoche wird außerordentlich sein. In seiner Dimension mag er größer ausfallen als die Renaissance, mit der wir das Mittelalter schrittweise hinter uns ließen. Anspruch und Erfordernis hierfür sind gewiss ohne Beispiel. Denn auch wenn angesichts der Folgen massiver menschgemachter Zerstörungen und Vernichtungsorgien eigentlich kaum noch Zeit ist, können wir sie uns auf der Ebene des Bewusstseinswandels doch nehmen. Der Geist lässt sich nicht zwingen. Er lernt in den existentiellen und vor allem das eigene Ich überschreitenden Dingen nur widerwillig und dann auch nur gemächlich. Und noch anspruchsvoller sind ja die Umsetzungen in jene Lebensenergien hinein, die wir *Bedürfnis* nennen; von den daraus notwendig resultierenden Verhaltensänderungen einmal ganz zu schweigen.

Vorindustrielle Zeiten und indigene Biotope können uns auf diesem Weg nicht richtungsweisend sein. Zu sehr sind wir durch die Jahrhunderte hindurch mit technologischen Prozessen verschmolzen, ja in vielen Lebensbereichen zu Maschinenmenschen geworden. Die Transformation sollte deshalb nicht nur Bewusstsein, Ethos, Haltung und Verhalten umfassen, sondern auch Technologie sowie technologische Strukturen, die dem Wandel dienen und ihn stützen. Gleichzeitig sind wir als Menschheit gefordert, uns von großen Teilen des Planeten weitestgehend zurückzuziehen, damit sich die Vielfalt des Lebens angemessen und ungestört entfalten kann. Es gibt Räume, an denen haben wir nichts verloren und entsprechend auch nichts zu suchen und zu finden – außer Respekt und Selbstzurücknahme.

In der Renaissance waren Philosophie, Kunst und Architektur ein Ausdruck des sich zum Licht erhebenden Menschen. Die

Neugeburt, die vor uns liegt, hat eine andere Ästhetik. Gleich einer großen Symphonie drückt sie das harmonische Zusammenspiel unterschiedlichster Klang- und Empfindungsdimensionen aus, die der noch immer verbliebenen unendlichen Vielfalt des Lebens entstammen. In der Topographie dieser Welt wird, um mit Albert Schweitzer ein anderes Bild zu verwenden, die Idee des Menschentums einem Mittelgebirge gleichen, hinter dem sich das Hochgebirge der Zusammengehörigkeit aller Wesen erhebt.

Für den zukünftigen Menschen wird sich das Menschsein nur noch als wechselseitige Verbundenheit mit allem Sein verstehen und erklären lassen. Alle anderen Strategien, deren Ausgangspunkt nicht die erkannte *und* empfundene dienende Rolle des Menschseins ist, werden unweigerlich daran scheitern, einen für uns und endlos viele andere Lebensformen noch verträglichen Planeten zu halten.

In der neuen Renaissance fallen die Grenzen, an denen zwischen wert oder unwert, nieder oder höher unterschieden wird. Nichts im Lebensprozess des Kosmos ist ohne Sinn, und nichts ist ohne Zusammenhang mit ausnahmslos allem anderen. Das zu erkennen schafft die Basis für ein zukünftiges Verständnis von Leben, in dem dieses seinen Wert aus der bloßen Existenz bezieht. Mein Recht zu leben ergibt sich nun immer aus dem Recht eines jeglichen Lebens. Meine Einmaligkeit verstehe ich in der Einmaligkeit eines jeglichen Seins und dem Wert an sich, der in jedem Leben steckt. Der Mensch schützt anderes Leben, damit nun nicht mehr nur um seines eigenen Vorteils oder seines eigenen guten Gefühles willen, sondern weil es als „Leben inmitten von Leben" (Albert Schweitzer) einfach da ist. So wird er dem universalen Willen zum Sein im Rahmen seiner Möglichkeiten gerecht und bleibt ihm treu.

Für eine solche, vielleicht nicht sehr wahrscheinliche, aber trotzdem mögliche Zukunft, wird es unverzichtbar sein, dass wir Bilder in unser Bewusstsein malen, die uns begleiten, ziehen, ausrichten und im rechten Moment beflügeln. Solche Bilder mögen Ausdruck geben von dem großen Traum gelingenden Lebens inmitten einer sich neu erfindenden Menschenwelt. Sie wollen von Schönheit sprechen, von Harmonie und einer überzeitlichen Klarheit. Denn was nicht zunächst gedacht und mit allen Sinnen ersehnt wurde, was nicht als verzaubernde Vision vor unserem inneren Auge leuchtete, wird niemals Wirklichkeit werden. Erinnern wir uns: Vor dem Bau der großen Kathedralen im ausgehenden Mittelalter stand die Sehnsucht des erwachenden und wachsenden Menschen nach dem himmlischen Licht. Im monumentalen sakralen Gebäude fand es schließlich seine irdische, leuchtende Heimat.

## Der verlorene Sohn und die Feier des Lebens

Gleichnisse begegnen uns als eine Erzählweise, die weit über die geschilderte Geschichte selbst hinausweisen möchte. Das Gleichnis versinnbildlicht ein reales Geschehen, eine konkrete Situation. Und es lädt dazu ein, dieses Geschehen, jenseits intellektueller Spitzfindigkeiten, auf anderes zu übertragen.

Jesus sprach in Gleichnissen, da er bei seiner Zuhörerschaft nach eigener Aussage davon ausging, dass sie mit sehenden Augen nicht sehen und mit hörenden Ohren nicht hören und somit nichts wirklich verstehen. Das vielleicht am häufigsten rezipierte und übertragene Gleichnis steht im Evangelium des Lukas (15,11–32). Dort erzählt Jesus die Geschichte eines Kindes, das sich sein Erbe auszahlen ließ, in die Welt zog und es nach und nach verprasste. Schließlich lag der Sohn am Boden, verarmt, gedemütigt, vereinsamt, vom Leben, das ihn umgibt, abgeschnitten. Erst jetzt, in der tiefsten Not, erkennt er und bereut. Entschieden steht er auf, und macht sich auf den Weg nach Hause, in der Hoffnung auf Vergebung. Wie es heißt, kommt ihm der Vater, sobald er ihn aus der Ferne erblickt, mit offenen Armen entgegen.

„Vater", „Sohn", – das sind Metaphern, Sinnbilder. Sie tragen als Hauptakteure das Narrativ des selbst verschuldeten Scheiterns, des durchlittenen Erwachens und einer Umkehr, die in einer Mischung aus Not und Überzeugung gründet. Die Handlung erzählt von der Freiheit des Menschen, was immer einschließt, schwere Fehler zu begehen, sie aber auch zu korrigieren.

Keine Geschichte scheint näher an der gegenwärtigen Situation der Menschheit zu liegen als diese. Das Geschenk des evolutionären Werdeimpulses, das uns hervorbrachte, uns sich entfalten ließ und uns in überbordender Fülle und Schönheit nährte, schwindet und verblasst. Mit Füßen getreten, gnadenlos ausgebeutet, dem Materialismus geopfert, erkaltet sein Zauber. Das Menschheitskind hat sich nicht nur abgenabelt. Es hat den Konsens des Lebens, die Weisheit vom Empfangen und Geben, vom Werden und Vergehen in Maß und Harmonie, verlassen.

Ein vielleicht noch möglicher Ausweg aus der Not ist allenfalls in radikaler Umkehr möglich. Aus der selbstverliebten Lethargie des „Immer weiter so" aufstehen, sich besinnen, den ganzen Tand wie Staub abschütteln und sich dem Leben in pflegender Absicht zuneigen. Das Kind muss endlich erwachsen werden, den pubertären Gestus überwinden. Es ist gefordert, seinem bereits wartenden inneren Wachstumsimpuls zu folgen und loszugehen – zur Liebe und zum Leben hin. Auch wenn dann kein „Vater" wartet, um ein Festmahl zu bereiten, so ist doch die Begegnung mit dem Leben und das Verschmelzen zum Einssein Feier des Lebens genug.

# Quellennachweise

S. 15    *John Henry Newman* aus: Das Kreuz Christi, das Maß der
Welt, in: John Henry Newman, Predigten, Bd. VI: Pfarr- und
Volkspredigten (Parochial and Plain Sermons). Eingeleitet
und übertragen von der Newman-Arbeitsgemeinschaft der
Benediktiner von Weingarten, Stuttgart (Schwabenverlag)
1954, S. 94–105, hier: S. 105.

S. 19    *Johannes Malms* aus: Werner Blaser, West Meets East – Mies
van der Rohe. In Zusammenarbeit mit Johannes Malms,
Basel/Boston/Berlin (Birkhäuser Verlag) 1996, S. 19.

S. 24    *Georg Simmel* aus: Das Geheimnis. Eine sozialpsychologi-
sche Skizze, in: Georg Simmel, Gesamtausgabe, Bd. 8: Auf-
sätze und Abhandlungen 1901–1908, Bd. II. Herausgegeben
von Alessandro Cavalli und Volkhard Krech, Frankfurt am
Main (Suhrkamp) 1993, S. 317–323, hier: S. 317.

S. 35    *Rainer Maria Rilke* aus: Die Sonette an Orpheus. Zweiter
Teil, XIII. Sonett, geschrieben 15./17. Februar 1922, Erstveröffentlichung Leipzig (Insel) 1923, S. 23.

S. 43    *Max Weber* aus: Wissenschaft als Beruf, Erstveröffentlichung 1919.

S. 45    *Dante Alighieri*: Die Worte werden Dante vielfach zuge-
schrieben; allerdings ohne Beleg.

S. 47    vgl. *Albert Schweitzer* aus: Aus meinem Leben und Denken,
Hamburg (Felix Meiner) 1980, S. 134 (keine wörtliche Wie-
dergabe, sondern sinngemäß vereinfacht).

S. 48    *Martin Buber* aus: Werkausgabe, Bd. 17: Chassidismus II.
Theoretische Schriften. Herausgegeben, eingeleitet und

kommentiert von Susanne Talabardon, Gütersloh (Gütersloher Verlagshaus) 2016, S. 250.

S. 49  *Augustinus* aus: In Epistolam Joannis Ad Parthos Tractatus Decem (Zehn Predigten zum 1. Johannesbrief), hier: Siebte Predigt, zum 4. Kapitel des 1. Johannesbriefs (Migne, PL 35, 9033, Tractatus VII, 8; lateinischer Originaltext: Dilige, et quod vis fac).

S. 50  *Talmud:* In dieser Formulierung wurde der Satz aus dem Talmud populär durch den gleichnamigen Buchtitel eines geistlichen Lesebuchs von Johannes Bours (Freiburg: Herder 1986). Er stammt aus dem babylonischen Talmud, Traktat Makkot 10b.

S. 50  *Martin Buber* aus: Pfade in Utopia. Über Gemeinschaft und deren Verwirrung, Mit einem Nachwort herausgegeben von Abraham Schapira, Heidelberg (Lambert Schneider) 3. Auflage, zugleich erheblich erweiterte Neuausgabe 1985, S. 249. Kursive Hervorhebung im Original.

S. 51  *Albert Camus* aus: Der Mythos von Sisyphos. Ein Versuch über das Absurde, Hamburg (Rowohlt Taschenbuch) 1959, S. 101.

S. 59:  *Lexikonwissen* aus: https://flexikon.doccheck.com/de/ Atmung [02.05.2024].

S. 62  *Chief Luther Standing Bear* aus: Land Of The Spotted Eagle, 1933, Nachdruck 1978, University of Nebraska Press, abrufbar unter: https://www.fadedpage.com/showbook. php?pid=20180142 [27.04.2024]; aus Kapitel VII: Indian Wisdom, eigene Übersetzung.

S. 66    *Rainer Maria Rilke* aus: Worpswede (entstanden 1902, ge-
druckt 1903), zit. n. Berliner Ausgabe/Edition Holzinger,
3. Auflage 2014, S. 10.

S. 69    *Albert Einstein* aus: What I Believe, in: Forum and Century
84 (October 1930), no. 4, 193–194, die deutsche Fassung wurde unter dem Titel „Wie ich die Welt sehe" zuerst publiziert
in: Mein Weltbild, Amsterdam (Querido) 1934, S. 11–17. Die
deutsche Fassung in „Mein Weltbild" (herausgegeben von
Carl Seelig und bis heute vielfach nachgedruckt) weicht etwas von der englischen Ausgabe ab und ist ausführlicher.
Der hier wiedergegebene Wortlaut geht auf eine direkte
Übertragung aus dem Englischen zurück.

S. 73    *Albert Schweitzer* aus: Aus meinem Leben und Denken,
Hamburg (Felix Meiner) 1980, S. 134

S. 78    *Marc Aurel* aus: Selbstbetrachtungen, Viertes Buch, Nr.
49, zit. n. der Übersetzung von Albert Wittstock, Stuttgart
(Reclam) 1986, S. 61.

S. 81    *Albert Schweitzer* aus: Ehrfurcht vor den Tieren, München
(C. H. Beck) 2011, S. 24.

S. 82    *Albert Schweitzer* aus: Kultur und Ethik, in: Kulturphilosophie, München (C. H. Beck) 2007, S. 312 f.

S. 86    *Hans Jonas* aus: Das Prinzip Verantwortung. Versuch einer
Ethik für die technologische Zivilisation, Frankfurt am
Main (Suhrkamp Taschenbuch) 1984, S. 36.

S. 101    *Petrus Faber* aus: Memoriale. Das geistliche Tagebuch
(Nr. 158), zit. n: Andreas Falkner SJ, Lass dich nicht entmuti-
gen!, in: Jesuiten 4/2018: Das Charisma des Peter Faber, S. 11.

S. 103 *Hilde Domin* aus: Sämtliche Gedichte. Herausgegeben von Nikola Herweg und Melanie Reinhold, Frankfurt am Main (S. Fischer Verlag) 2009, S. 47 (der Satz ist dem des zweiten Teils des Gedichtbands „Nur eine Rose als Stütze" von 1959 als Leitwort vorangestellt).

S. 115 *Wolke des Nichtwissens:* freie Zusammenfassung in heutigem Deutsch; die Überschrift des 60. Kapitels des mittelenglischen Textes lautet: „That the heighe and the next wey to heven is ronne bi desires, and not bi pases of feet".

S. 115 f. *Augustinus* aus: Confessiones. Erstes Buch (I,1).

S. 116 *Mechthild von Magdeburg* aus: Das Fließende Licht der Gottheit. Zweite, neubearbeitete Übersetzung mit Einführung und Kommentar von Margot Schmidt, Stuttgart-Bad Cannstatt (Frommann-Holzboog) 1995, I,17 und IV,12.

S. 116 *Dschelaluddin Rumi* aus: Das Mathnawi. Ausgewählte Geschichten. Aus dem Persischen von Annemarie Schimmel, Basel (Sphinx) 1994, S. 110 (dort unter der Überschrift: Der verzweifelnde Beter, S. 108–110, Übertragung von Mathnawi III, 189 ff.).

S. 119 *Johann Wolfgang von Goethe* aus: Johann Peter Eckermann, Gespräche mit Goethe in den letzten Jahren seines Lebens, 1823–1832 (hier: Donnerstag, den 12. Februar 1829).

S. 119 *Max Scheler* aus: Die Formen des Wissens und die Bildung [1925], in: Philosophische Weltanschauung, Bern (Francke) 1954, 16–48, hier 31 f.

S. 131 ff. *Dietrich Bonhoeffer* aus: Brautbriefe Zelle 92. 1943–1945. Herausgegeben von Ruth-Alice von Bismark und Ulrich

Kabitz, München (C.H. Beck) 2006, S. 208f. (Brief vom 19.12.1944, Prinz-Albrecht-Straße).

S. 133   *Alfred Delp* aus: Der Mensch im Advent. Herausgegeben von Roman Bleistein, Frankfurt am Main (Verlag Josef Knecht) 1984, S. 18 (Predigt zum Ersten Sonntag im Advent, 30.11.1941).

S. 141   *Rainer Maria Rilke* aus: Duineser Elegien, entstanden 1912–1922, Erstdruck Leipzig (Insel) 1923: aus der Ersten Duineser Elegie, zit. n. Berliner Ausgabe/Edition Holzinger 2013, S. 28.

S. 147   *Gerhard Tersteegen* aus dem Lied „Gott ist gegenwärtig", in: Geistliches Blumengärtlein inniger Seelen [1729].

S. 148 f. *Rainer Maria Rilke* aus: Mir zur Feier. Gedichte, Berlin (Meyer) 1899, S. 107 (entstanden 21. November 1897).

S. 150   *Angelus Silesius* aus: Geistreiche Sinn- und Schlussreime, Wien (Kürner) 1657, Erstes Buch, Nr. 289 (seit 1675 unter dem Titel „Cherubinischer Wandersmann").

S. 153   *Rainer Maria Rilke* aus: Ausgewählte Werke. Erster Band: Gedichte, Leipzig (Insel) 1938, S. 365f. (entstanden 10. August 1926; Erstveröffentlichung postum).

S. 153   *Albert Schweitzer* aus: Kultur und Ethik, in: Kulturphilosophie, München (C. H. Beck) 2007, S. 308.

S. 158   *Bhagavad Gita:* 4. Gesang, 18, in der Übersetzung von Klaus Mylius, Wiesbaden (VMA-Verlag) 1979, S. 39.

S. 160   *Elie Wiesel* aus: Die Nacht. Erinnerung und Zeugnis, Freiburg im Breisgau (Herder), Neuausgabe 2008, S. 56.

S. 160 *Gottfried Benn* aus: Die Stimme hinter dem Vorhang [1952], München (dtv) 1964, S. 152.

S. 171 *Tao te King:* Spruch 22, in einer neuen Bearbeitung von Gia-Fu Feng und Jane English, München (Hugendubel) 1978/1989.

S. 177 *Hannah Arendt* aus: Über das Böse. Eine Vorlesung zu Fragen der Ethik. Aus dem Nachlass herausgegeben von Jerome Kohn. Übersetzung aus dem Englischen von Ursula Ludz, München (Piper) 8. Auflage 2013, S. 101.

S. 177 *René Girard* aus: Ich sah den Satan vom Himmel fallen wie einen Blitz. Eine kritische Apologie des Christentums, Frankfurt am Main/Leipzig (Verlag der Weltreligionen) 2008, S. 35 ff.

S. 179 f. *Hildegard von Bingen:* zit. n. Josef Pieper, Über die Tugenden, München (Kösel) 2004, S. 162 f.

S. 194 *Johann Wolfgang von Goethe* aus: Zahme Xenien III.

S. 200 *Albert Schweitzer* aus: Gespräche über das Neue Testament. Herausgegeben von Winfried Döbertin, München (C. H. Beck) 2., durchges. Auflage 1994, S. 141.

S. 223 *Galileo Galilei* aus: Brief an Christine von Lothringen, 1615.

S. 225 *Karl Marx* aus: Rede am 14. April 1856, in: Karl Marx und Friedrich Engels, Werke, Bd. 12, Berlin (Dietz) 1963, S. 3 f.

S. 227 *Wladimir Solowjew* aus: Deutsche Gesamtausgabe der Werke, Bd. 8: Sonntags- und Osterbriefe. Drei Gespräche über Krieg, Fortschritt und das Ende der Weltgeschichte mit Einschluss einer kurzen Erzählung vom Antichrist. Kleine

Schriften der letzten Jahre, München (Erich Wewel) 1980,
S. 214. Kursive Hervorhebung im Original.

S. 227 f. *Stanisław Jerzy Lec* aus: Neue unfrisierte Gedanken. Herausgegeben und übertragen von Karl Dedecius, München
(Hanser) 1964, 8. Auflage 1970, S. 27.

S. 238    *Steven Weinberg* aus: Die ersten drei Minuten. Der Ursprung
des Universums. Aus dem Amerikanischen von Friedrich
Griese, München (Piper) 1977, 5. Auflage 1983, S. 212.

S. 242    *Albert Schweitzers Bild vom Mittelgebirge* aus: Die Weltanschauung der Ehrfurcht vor dem Leben. Kulturphilosophie
III: Erster und zweiter Teil. Werke aus dem Nachlass. Herausgegeben von Claus Günzler und Johann Zürcher, München (C. H. Beck), S. 218.

Auch ältere Texte werden zumeist in aktueller Rechtschreibung
wiedergegeben. Die Bibelzitate folgen in der Regel der Lutherüber-
setzung (1984) oder der Einheitsübersetzung (1980).
Kursiv gesetzte Texte ohne Anführungszeichen und Quellenan-
gaben stammen vom Autor dieses Buches.

Stefan Seidel

**Entfeindet Euch!**

Auswege aus Spaltung und Gewalt

128 Seiten, 12,5 x 18,7 cm

Klappenbroschur

ISBN 978-3-532-62897-3

Die Feindschaft ist zurück auf der Tagesordnung. Nicht nur in den gegenwärtigen Kriegen und Großkonflikten der Welt. Auch in der hiesigen Gesellschaft ist sie zur dominanten Logik geworden. Kaum eine Debatte, die nicht in der Verteufelung des anderen mündet. Das „Prinzip Feindschaft" beherrscht die Köpfe und Strategien. Scheinbar gibt es nur noch „Gut" oder „Böse", „Freund" oder „Feind". Das Wahrnehmen von Zwischentönen, Spielräumen, Vermittelndem gerät dabei aus dem Blick. Der Umgang mit Uneindeutigem, Nicht-Übereinstimmendem, Abweichendem wird verlernt. Das ist fatal und führt fast zwangsläufig zu Gewalt. Um Lösungen jenseits der Gewalt zu finden, sind Entfeindungen notwendig. Dieses Buch versucht, solche Auswege aus der Falle der Feindschaft zu eröffnen.

 claudius

Claus Eurich

**Endlichkeit und Versöhnung**

Minima Spiritualia

256 Seiten, 12,5 x 18,7 cm

Klappenbroschur

ISBN 978-3-532-62873-7

Ein Gedanke tritt plötzlich und meist unvorhergesehen ins Bewusstsein. Er steht vor dem inneren Auge als Wort, das ergründet werden will, als Bild, das es zu betrachten und zu entschlüsseln gilt, oder als existentielle Frage, die Zuwendung einfordert. Claus Eurichs lebensnahe Gedankengänge stehen in der Tradition philosophischer und spiritueller Lehren, die sich bei ihm zu einer vielschichtigen Meditation über den Sinn von menschlicher Existenz verdichten. Sie suchen nach einer Balance zwischen Resignation und Reife, Dringlichkeit und Gelassenheit, Erdung und Transzendenz.

 claudius